*Über dieses Buch* Dieses letzte Buch der Theodor-Reik-Edition im Fischer Taschenbuch ist eine Sammlung von Gedanken und Erinnerungen, von Ansichten und Einsichten der zahllosen Patienten, denen der Freud-Schüler Reik im Laufe seiner langjährigen psychoanalytischen Praxis begegnet ist. Dazu enthält der Band Äußerungen prominenter Zeitgenossen, mit denen Reik befreundet oder bekannt war. So kommen Sigmund Freud, Arthur Schnitzler, Thomas Mann, Albert Einstein und andere zu Wort. Als Reik dieses Buch niederschrieb, war er bereits 75 Jahre. Ein ereignisreiches Leben lag hinter ihm. Bei Durchsicht seiner umfangreichen Unterlagen wurde ihm bewußt, wieviel er seinen Patienten verdankte, wieviel auch anderen Menschen, berühmten und unbekannten, die er gekannt hatte. »Wie sehr halfen mir meine Patienten! Nicht durch ihre ›Selbstenthüllungen‹, sondern auch durch die Tausende von klugen und geistreichen Dingen, die sie in diesen rund fünfzig Jahren klinischer psychoanalytischer Praxis sagten.« Nach Reik trägt dieses Buch »zu unserem psychoanalytischen Wissen einen einzigartigen neuen Bereich bei«. Die nach Themen geordneten, von Reik selbst in ihren Zusammenhang gestellten und kommentierten Äußerungen bieten eine kurzweilige, anregende, geistreiche Lektüre. Das Buch reizt zum Lesen und Vorlesen.

*Der Autor* Theodor Reik, 1888 in Wien geboren, 1969 in New York gestorben, war einer der ersten Schüler Sigmund Freuds, der ihn zeit seines Lebens unterstützte und förderte. 1934 emigrierte Reik zunächst nach Holland, dann, 1938, in die Vereinigten Staaten. Er unterhielt bis zu seinem Tode in New York eine psychoanalytische Praxis. – Weitere Titel im Fischer Taschenbuch: ›Aus Leiden Freuden‹ (6768); ›Hören mit dem dritten Ohr‹ (6766); ›Der unbekannte Mörder‹ (6767); ›Von Liebe und Lust‹ (6785); ›Mann und Frau‹ (6769).

Theodor Reik

# Ferne Stimmen

## Ansichten von Patienten aus fünf Jahrzehnten

Aus dem Amerikanischen von Joachim A. Frank

Fischer Taschenbuch Verlag

Deutsche Erstausgabe
Veröffentlicht in der Fischer Taschenbuch Verlag GmbH,
Frankfurt am Main, März 1989
Die amerikanische Originalausgabe mit dem Titel
»Voices from the Inaudible; The Patients speaks«
erschien im Verlag Farrar Straus, and Giroux, Inc., New York

Umschlaggestaltung: Buchholz / Hinsch / Hensinger
Gesamtherstellung: Clausen & Bosse, Leck
Printed in Germany
ISBN 3-596-26794-3

# Inhalt

# I
# Dieses Buch

## 1. Ein Tag im Mai

Ein splitterndes Geräusch, das durch das offene Fenster drang – vielleicht rührte es von einem Verkehrsunfall her –, weckte mich aus meiner Nachmittagsruhe. Es ist seltsam, daß ich jetzt einen kurzen Schlaf während des Tages brauche und trotzdem müde bin. Immer noch die Nachwirkungen des Herzanfalls, den ich vor vielen Monaten hatte?

Es ist erst Mitte Mai – 1963 – und schon so warm. Nur noch wenige Wochen und ich werde in die Berge fahren. Und dann keine psychoanalytischen Patienten mehr; nur noch Konsultationen, in denen ich Patienten an meine zuverlässigsten und erfahrensten Schüler überweisen werde, und einige Kontrollanalysen mit jungen Psychoanalytikern. Gerade genug, um einen bescheidenen Lebensunterhalt zu verdienen. Mein Gott, ich bin jetzt über fünfundsiebzig und habe das Recht auf einen »Halbruhestand«, in dem ich gern noch einige Bücher schreiben möchte. Das ist immer mein eigentlicher Ehrgeiz gewesen. Ich war nie ein fanatischer Therapeut; um die Wahrheit zu sagen, ich war auf diesem Gebiet eher mittelmäßig, aber ich war mit Eifer darauf aus, einige verborgene Wahrheiten zu entdecken. Ja, in den Büchern, die ich schrieb, habe ich mein Bestes gegeben. Ich kann schreiben, aber man zahlt für jede Fähigkeit mit Unzulänglichkeiten in anderer Hinsicht. Ich bin nicht einmal imstande, das Radio richtig einzustellen.

Während ich mich auf der Couch ausstrecke, erwacht plötzlich wieder die Erinnerung an die Geburtstagsfeier, die meine Vereinigung und meine Freunde und Studenten im St.-Regis-Hotel für mich veranstalteten: der prächtige Festsaal, viele Hunderte von Menschen. Ich wurde mit Gratulationen und Wünschen für ein langes Leben überhäuft. Ich stand dort zwischen meinen Töchtern, während viele befreundete junge Frauen, Studentinnen und sogar einige unbekannte Damen auf mich zutraten und mich küßten. Meine jüngere Tochter, Miriam, lächelte freundlich, als mich eine Frau fragte: »Darf ich Sie küssen?« Aber die ältere, Irene, flüsterte: »Die Damen fangen an, förmlich zu werden.«

Dann kamen die Ansprachen prominenter Psychoanalytiker, der Doktoren Eidelberg, Sándor Lorand und Sándor Radó. Jeder dieser Kollegen und Freunde fand an meinen Schriften und an meiner Persönlichkeit etwas zu loben und äußerte einige originelle Ideen. Einer, zum Beispiel, wies darauf hin, daß die »Selbstenthüllung« in meinen Büchern meinen moralischen Mut bewies.

Ich war glücklich und demütig zugleich. Blitzartig fiel mir ein, daß Freud einmal in einer ähnlichen Situation gesagt hatte, er könne sich verteidigen, wenn er angegriffen, aber er sei völlig hilflos, wenn er gelobt werde. (Ich erinnere mich nicht, ob er Hamlets Worte hinzufügte: »Sogar an Dank bin ich arm.«)

Dann wurden die vielen Telegramme und Glückwunschschreiben vorgelesen, die ich von psychoanalytischen und psychologischen Vereinigungen und von einzelnen Personen, darunter Mr. und Mrs. John F. Kennedy, erhalten hatte. Das ist nun erst zwei Wochen her. Ich hoffe, ich habe allen geantwortet, die mir geschrieben oder telegraphiert haben.

Von allen gedrängt, ein paar Worte zu sprechen, stand ich verlegen auf und wußte nicht, was ich sagen sollte. Da half mir die Anspielung auf meine »Selbstenthüllung« in einer der Reden. Ich gestand, daß ich sehr mutlos gewesen war, als ich im Juli 1938 als armer Flüchtling vor den Nazis in dieses Land gekommen war. Ich war damals schon über fünfzig und hatte nur wenige Freunde in den Staaten – was sollte aus mir werden?

Doch bald faßte ich wieder Mut. Ich begann zu arbeiten und zu schreiben, und bald hatte ich auch einige neurotische Analysepatienten. Die nächsten Jahre waren erfüllt mit Arbeit und der Sorge, für meine Frau, die krank war, und meine Kinder genug zu verdienen. (Den Herzanfall hatte ich kurz nach dem Tode meiner Frau.)

Und nun? Ich hätte meine Versprechen sicherlich besser und in größerer Zahl einlösen können, aber ich habe mein Bestes getan. Es ist kein so langer Weg mehr zurückzulegen, bevor der Schlaf kommt. Ich habe allen meinen tiefempfundenen, aber schlecht ausgedrückten Dank abgestattet. Das war erst vor zwei Wochen. Und nun fühle ich mich einer ganz anderen Art von Menschen zu Dank verpflichtet.

## 2. Gedanken an meine Patienten

Als ich der regulären psychoanalytischen Praxis und den Patienten ade sagte, wurde mir plötzlich bewußt, wie viele psychologische Einsichten ich ihnen verdankte, wie sehr sie meinen Horizont erweitert und mein Verständnis vertieft hatten.

Im Laufe der Zeit berichteten sie mir nach und nach ihre Lebens- und Krankengeschichten. Aber sie erzählten mir auch sehr viel anderes – Dinge, die jenseits des Pathologischen und Pathetischen, des Banalen und Trivialen liegen.

Mein Hauptinteresse galt nicht der Therapie neurotischer Störungen, sondern den Problemen der allgemeinen Psychologie und der angewandten Psychoanalyse. Wie sehr halfen mir meine Patienten! Nicht nur durch ihre »Selbstenthüllungen«, sondern auch durch die Tausende von klugen und geistreichen Dingen, die sie in diesen rund fünfzig Jahren klinischer psychoanalytischer Praxis sagten. Habe ich diese Aussprüche – manchmal nur Hinweise – nicht irgendwo gesammelt?

Plötzlich bin ich nicht mehr müde, ich erhebe mich von meiner Couch, schiebe alle Tagträume und Erinnerungen beiseite und gehe zu meinem Schreibtisch. In einem der Fächer muß es ganze Mappen voll solchen Materials geben. Da sind sie tatsächlich, dicke Mappen mit Aussprüchen. Ich öffne sie und blättere in den vielen Notizen, die oft nur aus wenigen Worten auf einem Stück Papier bestehen.

Aber habe ich nicht einige davon schon veröffentlicht? Da war doch dieses junge Mädchen, das ich kurz nach meiner Ankunft hier in den Staaten behandelte. Ich bewunderte den Satz: »Wenn ich schäbig angezogen bin, hasse ich alle.«

Wenn ich dieses umfangreiche Material durchsehe, bin ich immer wieder überrascht von der Treffsicherheit und geglückten Formulierung so vieler dieser Sätze, von ihrer Ehrlichkeit und Offenheit, oft auch von ihrer nüchternen Sachlichkeit. Viele kommen sozusagen »aus den Eingeweiden«, bar jeder hübschen Verpackung – als Wahrheit, wie sie empfunden und gesehen wird, unverhüllt und ohne Ausschmückungen.

Nicht alle Aussprüche haben ihren Ursprung in »ruhig erinnerten Emotionen«. Manche wurden unter dem Einfluß aller Arten von gegenwärtigen Empfindungen getan, erregt, ironisch, humorvoll, verzweifelt, auch in der Erinnerung an Erlebnisse und im Nacherleben. Beim Blättern in den Papieren finde ich, zum Beispiel, das Stichwort *ältere Dame*. Der Patient hatte zuerst eine psychoanalytische Behandlung bei einer Psychiaterin durchgemacht. Als er zu mir kam, sagte er mir, er und sie hätten einander nicht sehr gut verstanden. Einmal hatte er zu ihr gesagt: »Sie sind eine ältere Dame und können mich nicht begreifen.« Das war natürlich eine sehr höfliche Umschreibung gewesen. Was er wirklich hatte sagen wollen, war: »Sie sind eine alte Schachtel!« Was für ein Segen wäre es gewesen, das mit genau diesen Worten sagen zu dürfen! In anderen Fällen nahmen die Patienten selbst überrascht zur Kenntnis, was sie in ihren psychoanalytischen Sitzungen gesagt hatten – manchmal die amüsantesten und erstaunlichsten Dinge, die sie aussprachen, ohne vorher bewußt darüber nachzudenken.

Dieses Buch erhebt nicht den Anspruch, Tiefenforschung zu sein, aber es kann vielleicht in die Tiefe führen. Es trägt zu unserem psychologischen Wissen einen einzigartigen neuen Bereich bei. Indem sie diese spontanen Gedanken und Regungen ans Licht brachten, fügten die Patienten dem Bild vom Menschen bedeutsame Züge hinzu. Es ist nicht wichtig, daß das hier Vermerkte von neurotischen Patienten stammt. Wertvoll ist vielmehr, daß diese Änderungen von »Menschen wie du und ich« gemacht wurden. Hier findet man Grundsätzliches über menschliches Erleben, das zu manchmal profanen und manchmal tiefen Einsichten führt. Wir Psychoanalytiker halten den innersten Gedanken und Gefühlen des Menschen den Spiegel vor. Aber in diesem besonderen Fall halten wir den Spiegel so, daß auch der Leser die Gesichter sehen und die Stimmen hören kann.

Ich frage mich immer noch, warum kein anderer Psychoanalytiker daran gedacht hat, daß es nützlich wäre, diese spontanen Ausdrücke von Gedanken und Emotionen zu sammeln. Hier ist das Seelenleben im Rohzustand, aus dem Innersten kommend. Doch ich weiß natürlich, daß das wichtigere Material nicht das ist, was die Patienten sagen, sondern was durch Schweigen ausgedrückt wird – in den Pausen zwischen den Sätzen. Hier ist also das Unsagbare und manchmal das Unaussprechliche.

## 3. Nur Stimmen bleiben

Oft erinnere ich mich nicht mehr an die Gesichter der Patienten, deren Aussprüche ich notierte. Ich erinnere mich nur noch an ihre Worte und an den Tonfall und das Timbre ihrer Stimmen. Die französischen Psychologen unterscheiden gern zwischen einem *type visuel* und dem *type auditif*, das heißt Menschen, die mehr visuell oder mit dem Gesichtssinn, und solchen, die mehr auditiv oder mit dem Gehörsinn begabt sind. Es gibt natürlich Mischtypen. (Freud war vorwiegend visuell veranlagt.)

Seltsam ist auch, daß ich mich nicht an die Namen der Menschen erinnere, die ich in diesem Buch zitiere. Da finde ich einen Zettel mit den Initialen P. D. und ein paar Worten. Ich komme beim besten Willen nicht darauf, wer das war. Was ist schon an einem Namen?

Aber Freud ermahnte uns, seinen Wiener Schülerkreis, oft, auf Namen zu achten, weil sie eine bedeutende Rolle im Leben des Patienten spielen. Wir sollten sogar nach dem Namen fragen, sagte er uns, und er fügte hinzu, daß wir unbewußt gewisse Bilder oder Ideen mit dem Namen eines Menschen verbinden. Sind die Namen nicht bekannt, so sind die Bilder der Menschen in unserem Geist verschwommen oder undeutlich. Er sprach in diesem Zusammenhang von den *dramatis personae* in modernen Theaterstücken, in denen die Charaktere nur als Vater, Mutter, Schwester, Onkel, Freund oder ein Nachbar identifiziert werden. Sie bleiben Figuren ohne Namen und beinahe ohne Gesicht.

Mein beklagenswert schlechtes Namensgedächtnis hat aber, wie ich nun bemerke, auch einen Vorteil. Es zwingt zur Diskretion. Es versteht sich natürlich von selbst, daß die Menschen, deren Äußerungen ich hier zitiere, anonym bleiben müssen, aber in diesem besonderen Fall wurde die Identifizierung ohnehin durch mein schlechtes Gedächtnis unmöglich. Zurückhaltung ist der bessere Teil der Tapferkeit.

Ich bin sicher, daß sich die meisten dieser Patienten selbst nicht mehr an das erinnern werden, was sie vor vielen Jahren so nebenbei in psychoanalytischen Sitzungen sagten. Ja es ist sogar möglich, daß der eine oder andere dieses Buch liest, in dem er zitiert wird, und sich selbst nicht wiedererkennt. Sie erscheinen hier nicht mehr als Individuen, sondern als Stimmen. Nur ihre Stimmen bleiben. Es ist beinahe gespenstisch...

In dem geplanten Buch müßte ich natürlich das Geschlecht angeben, sagen, ob es sich um einen Mann oder eine Frau handelt, gelegentlich vielleicht auch das Alter und den Beruf und manchmal müßte ich hinzufügen, daß die Betreffenden ledig oder verheiratet sind.
Die Sammlung von Aussprüchen könnte ein sehr informatives und aufschlußreiches Buch werden: aufbewahrte Augenblicke der Wahrheit. Die letzten Masken fallen. Ich denke an Arthur Schnitzlers Stück *Die letzte Maske*, und einen Augenblick lang sehe ich mich mit dem Schriftsteller über den Sommerhaidenweg in Wien gehen. Wie lange das nun her ist!

## 4. Eine andere Mappe

Ich lege diese Mappe beiseite und nehme eine andere, dickere zur Hand. Ich kenne ihren Inhalt. Aufzeichnungen und kurze Notizen aus Seminaren, psychoanalytische Beiträge meiner Studenten – auch einige eigene –, die vielleicht unerwartete Einsichten enthalten. Sollte ich sie nicht als eigene Gruppe in das geplante Buch aufnehmen?
Freud sagte uns, daß Gefühle und Gedanken, die nicht mit Worten oder Wortvorstellungen verbunden sind, unbewußt bleiben. Die wichtigsten Emotionen und Gedanken, mit denen wir es in der Psychoanalyse zu tun haben, entstehen in der zwielichtigen Zone, in der noch keine Worte geboren werden. Wir müssen dafür sorgen, daß sie ausgedrückt werden – manchmal unter Geburtswehen. Was Patienten sagen, ist oft ein Durchbruch aus diesem Bereich. Die wertvollsten Dinge, die sie ausdrücken, sind nicht solche, die sich leicht sagen lassen.
Und hier? Was meine Studenten in ihren analytischen Sitzungen, bei Kontrollanalysen und in Seminaren sagten, wurde oft auch aus dieser Zwielichtzone hervorgeholt und zum verbalen Ausdruck verarbeitet. Ich verdanke diesen begabten jungen Leuten in den Seminaren viel.
Plötzlich taucht eine Kindheitserinnerung auf. Mein Bruder Otto, der fünfzehn Jahre älter war (die Nazis ermordeten ihn in Wien), brachte manchmal aus seiner Schule einen jungen Mann mit nach Hause. Ich kannte ihn, als ich ein kleiner Bub war, nur als »Onkel

Arnold«. Er war sehr freundlich zu mir. Manchmal setzte er sich ans Klavier und spielte wilde Melodien, die ganz anders klangen als die meinem Ohr vertrauten. Viele Jahre später erfuhr ich, daß er Arnold Schönberg war, nach Gustav Mahler vielleicht der größte Komponist seiner Zeit.

Ich verfolgte sein Leben und wußte von seinem späteren Schicksal, obwohl ich seine Musik zum Teil noch nicht verstand. Ich wußte, daß er vor den Nazis nach Paris floh, wo er sich mit einer symbolischen Geste wieder zum Judaismus bekannte, von dem er sich 1921 losgesagt hatte. Er lebte in Los Angeles, als auch ich mich schon in den Staaten aufhielt, und starb dort 1951.

Wie war ich auf den Namen Arnold Schönberg gekommen? Vor einigen Jahren bekam ich zufällig seine *Harmonielehre* in die Hand und schlug sie auf. Der erste Satz, den ich im Vorwort las, lautete: »Dieses Buch habe ich von meinen Schülern gelernt.« Ich könnte natürlich für diesen Teil meines geplanten Buches dasselbe sagen.

Ich erinnere mich wenigstens noch an die Grundidee einiger der folgenden Sätze aus Schönbergs Vorwort. Er sagt, daß die Bewegung im Lehrer entsteht und daß seine Unruhe auf die Schüler übertragen werden muß. Dann werden sie ebenso auf der Suche sein wie er selbst. Die im Lehrer entstandene Bewegung muß zu ihm zurückkehren. In diesem Sinne, sagt der Komponist, lernte er sein Buch von seinen Schülern und muß er ihnen danken. Das muß auch ich.

## 5. Die Einteilung

Wenn ich an dieses geplante Buch denke, überlege ich mir, wie ich die Menge des angehäuften Materials anordnen soll. Das Einfachste wäre eine Einteilung in das, was Frauen, und das, was Männer sagen. Die Frauen müßten zuerst kommen – was sie über sich selbst, über Männer, über Freundinnen und so weiter sagen. *Ladies first*, nicht nur aus Galanterie, sondern auch weil sich Frauen im allgemeinen besser auszudrücken verstehen und ein lebendiges und reichhaltiges Vokabular besitzen. Ich sehe voraus, daß ich in der Mappe viele witzige und boshafte Bemerkungen von Frauen finden werde. Haben nicht alle Frauen in gewissen Dingen dieselben Ansichten über Männer? Zum Beispiel, daß alle Männer ungeduldig sind – auch die Uhrmacher; daß sie oft so unvernünftig sind (besonders wenn diese Männer die weibliche Logik nicht verstehen) und daß sie so leicht zu durchschauen sind (besonders in sexuellen Dingen). Und die Männer? Sie sind im großen ganzen ebenfalls einer Meinung über die Frauen: daß sie auf eine verwirrende Weise durchtrieben und völlig undurchschaubar sind, daß sie unbegreiflich launisch sind und ständig ihre Meinungen ändern – sofern sie überhaupt welche haben –, daß sie alles kaufen, was sie in Schaufenstern sehen. (Ein Scherz, den Freud einmal machte, fällt mir ein: »Frauen sind teuer, aber man hat sie auch lange.«)

Eine solche Einteilung wird die Dinge vielleicht zu sehr vereinfachen. Es gibt einander überschneidende Bereiche, in denen die Unterschiede oder Variationen der Geschlechter ohne Bedeutung sind: zum Beispiel was allgemeine Probleme oder Fragen des Alltags betrifft. Vielleicht könnte man einen Teil des Buches Vermischtes oder *Miszellen* nennen.

Der letzte Teil würde dann die Sammlung von Bemerkungen und Aussprüchen aus Kontrollanalysen und Seminaren sein.

Doch all das hat Zeit. Ist die Einteilung des Buches denn so wichtig? Ich werde improvisieren, wenn ich das Material durchsehe – dieses Material, das auch zur »Sprechkur« gehört, wie Anna O., eine frühe Patientin von Breuer und Freud, die Psychoanalyse 1895 nannte. Hier finden sich charakteristische und offenherzige intime Äußerungen, kraftvoll und lebhaft vorgebracht. Es ist nichts Konventionelles an ihnen, und deshalb sind sie wertvoll als Augenblicke der Wahrheit.

Ich lege die Mappen wieder in ihr Fach zurück. Zeilen aus dem »Vorspiel auf dem Theater« im *Faust*, die ich seit meiner Schulzeit auswendig kenne, gehen mir durch den Kopf:

> Laßt uns auch so ein Schauspiel geben!
> Greift nur hinein ins volle Menschenleben!
> Ein jeder lebt's, nicht vielen ist's bekannt,
> Und wo Ihr's packt, da ist's interessant.

Mitte Mai und schon so warm! Ein paar Wochen noch, dann werde ich das ganze Material in die Berge mitnehmen. Dort werde ich es sortieren, zusammenstellen und mit der Niederschrift des Buches beginnen.

# II
# Frauen über Frauen

*1.* Frauen sind die schonungslosesten und scharfsinnigsten Kritiker anderer Frauen. Sie machen im leichten Plauderton oft sarkastische und ätzende Bemerkungen über die Kleidung und die Manieren, die geistigen Handicaps und emotionalen Stimmungen ihrer Bekannten, ja sogar Freundinnen. Das schließt freilich nicht aus, daß sie gemeinsam Front gegen einen Mann oder die Männer machen, wenn sie kritisiert oder angegriffen werden.
Mehr oder weniger giftige kritische Bemerkungen über andere Frauen werden oft unter Freundinnen ausgetauscht. Das geschieht auch in psychoanalytischen Situationen, die konventionelle Hemmungen beseitigen und Männer wie Frauen dazu verleiten, ihre Gedanken frei auszudrücken.
Das Folgende ist eine Sammlung solcher impulsiver, oft indiskreter und interessanter Bemerkungen einiger Frauen über andere.
*2.* Eine College-Studentin über eine andere: »Sie sieht immer Unheil und für alles ein schlimmes Ende voraus und drückt ihre Zufriedenheit aus, wenn sich zeigt, daß sie recht hatte. Ich frage mich, ob Kassandra immer gerufen hat: ›Habe ich es euch nicht gesagt?‹«
*3.* Dieselbe Studentin nach einem Gespräch mit einem jungen Mann: »Männer sind so dumm. John sprach gestern über Anne. Er hält sie tatsächlich für eine gefährliche Frau, eine Art *femme fatale*. Er hat Angst vor ihr und nennt sie eine Hexe. Er würde sie treffender charakterisieren, wenn er den ersten Buchstaben dieses Wortes änderte.« (Unübersetzbares Wortspiel: *witch* = Hexe; *bitch* = Weibsstück, Hure u. ä. Anm. des Übers.)
Ein Mädchen in den Zwanzigern über eine Freundin: »Der Mann in ihrem Leben? Ich würde da eher den Plural verwenden als den Singular. Es sind immer mehrere.«
*4.* Eine Frau mittleren Alters: »Ich bin, weiß Gott, keine Klatschbase. Man erzählt mir eben Klatsch, und ich wiederhole nur, was ich von anderen gehört habe.«

*5.* Eine Dame der Gesellschaft über eine andere: »Sie sagt immer, sie hat keine Geheimnisse. Ihr Leben ist ein offenes Buch. Ich hätte dazu am liebsten gesagt: ›Richtig, ein pornographisches.‹«
Über dieselbe Person: »Sie sagt immer: ›Nach reiflicher Überlegung beschließe ich dann, dies oder das zu tun.‹ Ich halte das für eine groteske Übertreibung, denn ich glaube nicht, daß sie sich überhaupt etwas überlegt.«
Bei einer anderen Gelegenheit: »Ihr Privatleben ist so geheim wie das eines Hollywood-Stars. Sie veröffentlicht es.« Über eine andere Frau: »Sie ist eine Hexe, aber ihr Besenstiel muß immer nach der neuesten Mode sein.«
*6.* Eine Frau über eine andere, die ihr gegenüber wohnt: »Jeden Nachmittag hat sie eine Verabredung. Aber sie weiß natürlich nie im voraus, mit was für einem Mann.«
*7.* Eine Patientin über Komplimente: »Es gibt Komplimente, die eine Frau einer anderen macht. Man kann sie mit gewissen indianischen Giften vergleichen, von denen ich neulich las. Zuerst spürt man sie beinahe nicht. Sie entwickeln ihre tödliche Wirkung im Organismus erst nach einer Weile.«
Über eine andere Frau: »Sie hat sehr scharfe Krallen in ihren Samthandschuhen.«
*8.* Eine Patientin am Beginn des Sommers: »Gestern war ich im Solarium, um mir eine gute Bräune zu holen. Es waren nur viel ältere Frauen dort. Ihre Haut war so runzelig und schrumpelig wie die eines Elefanten.«
*9.* Eine andere böswillige Kritik betrifft das Verhalten älterer Frauen. Eine Dame bemerkt über eine ältere Bekannte: »Sie führt ein ausgefülltes Leben aus zweiter Hand, denn sie hat viele Freundinnen, deren Kummer sie genießt. Wenn sie keine Besucherinnen hat, setzt sie sich vor den Fernsehapparat, wo sie auch eine Menge Elend sieht.«
*10.* Eine College-Studentin sagt von ihrer Tante: »Wenn man ihr länger zuhört, wie sie von unserer Familie spricht, gewinnt man den Eindruck, daß sie im Geiste schon für jeden Angehörigen einen Nachruf entworfen hat.«
*11.* Einen guten Einblick in die Beziehungen zwischen gleichaltrigen Mädchen liefern spontane Erklärungen wie die folgenden: »Es würde mir nicht im Traum einfallen, Anne zu bitten, mit mir dieses Kleid kaufen zu gehen. Sie weiß, daß ich zu dieser Party gehe, zu der

sie nicht eingeladen ist. Sie ist vielleicht neidisch oder boshaft oder will mir eins auswischen. Sie würde mir wahrscheinlich ein Kleid vorschlagen, das mir überhaupt nicht steht.«

»Ich habe Ihnen von Anne erzählt, mit der ich das Zimmer teile. Sie ist wirklich eine falsche Schlange, und das Leben mit ihr ist kein Paradies. Ganz im Gegenteil... Als ich vorgestern abend aus dem Büro nach Hause kam, lag ein Zettel von ihr auf meinem Tisch. Sie hatte geschrieben: *Bitte geh nach neun ins Kino.* Ich wußte natürlich, was das bedeutete. Anne erwartete ihren Freund und wollte mit ihm schlafen. Deshalb mußte ich aus der Wohnung verschwinden. Ich war wider Willen neidisch, obwohl ich so etwas vor der Ehe nicht tun würde. Ich sah Anne dann am Morgen, bevor ich ins Büro ging. Sie sagte nichts über ihren Freund, aber sie sah zufrieden und glücklich aus.«

*12.* Eine Frau, die eine reiche Bekannte besucht hatte: »Nach dem Besuch behandelte sie mich mit so eisiger Höflichkeit, daß es mich fröstelte.« Dieselbe Frau: »Sie würde nie einen Spaten einen Spaten nennen, aber sie würde ihn vielleicht als Gartenbaugerät bezeichnen.« (Einen Spaten einen Spaten nennen entspricht dem deutschen »Das Kind beim rechten Namen nennen«. Anm. des Übers.)

Über eine andere, fettleibige Frau: Wissen Sie, daß sich Nancy in diesen Mann verliebt hat? Sie sollten Nancy verliebt sehen. Es ist komisch. Das Fett schmilzt im Feuer.« (Ein Wortspiel: *the fat is in the fire* bedeutet eigentlich soviel wie »Der Teufel ist los«. Anm. des Übers.)

*13.* Boshafte Bemerkungen wie die bisher zitierten schließen jedoch gelegentliche freundschaftliche Gefühle gegenüber anderen Frauen nicht aus: »Debbie hat hübsche Beine und trägt Kleider, die ihr bis zu den Knöcheln reichen. Das ist eine Art Selbstsabotage, und ich habe ihr gesagt, daß sie damit auf ihre Chancen bei Männern verzichtet.«

»Wir hatten einen hitzigen Streit. Als ich ging, ertappte ich mich bei dem Wunsch, daß sie Schuppenflechte im Gesicht und auf den Armen haben sollte. Wissen Sie, ich beneide sie oft um ihren Teint. Er ist wie ein Pfirsich.«

*14.* Über eine Dame der Gesellschaft: »Diese Frau klettert so energisch die soziale Stufenleiter hinauf, daß sie schließlich ganz oben ankommen wird – außer, natürlich, sie hat einen unerwarteten Unfall und stürzt plötzlich aus großer Höhe ab. Sie bemüht sich leidenschaftlich, dem Bild einer eleganten Dame der feinen Gesellschaft zu entsprechen, das sie sich von sich selbst gemacht hat. Sie hatte nur drei oder vier große Leidenschaften in ihrem Leben. Ihre kleinen Affären darf man jetzt natürlich nicht mehr mitzählen.«

*15.* »Als ich aus der Wohnung auszog, fragte ich Anne, ob ich ein paar Schallplatten mitnehmen dürfe, und sie sagte ja. Dann dachte ich nicht mehr daran, und als ich sie wieder einmal fragte, sagte sie: ›Aber sie gefallen Debby‹ – mit der sie jetzt zusammenwohnt – ›und sie spielt sie oft.‹ Nach ein paar Wochen besuchte ich sie und wollte wenigstens einige Platten mitnehmen. Sie war schlechter Laune und warf mit allem möglichen nach der Katze. Das Tier war ganz verängstigt. Ich dachte, sie behandelt mich genauso wie ihre Katze. Als ich sie bat, das Tier in Ruhe zu lassen, sagte sie: ›Ach, das macht doch nichts. Die Katze weiß, daß ich sie liebe.‹«

Über eine andere Frau: »Sie ist sehr groß, wie ein Schiff mit flatternden Segeln. Sie hofft, irgendwo einmal in einen Hafen einzulaufen. Soviel ich sehen kann, navigiert sie ohne Steuer.«

*16.* Ein junges Mädchen: »Ich glaube, Frauen sind unvollständige Geschöpfe. Sie brauchen einen Mann und vielleicht auch ein Kind, um sich nicht allein zu fühlen.«

*17.* Eine Frau über ein noch lediges Mädchen: »Sie sagt: ›Es ist so lieb von dir, so lieb zu mir zu sein.‹ Sie ist so eine aalglatte Heuchlerin. Später sprachen wir über ihre Chancen, und ich sagte zu ihr: ›Aber warum machst du dir Sorgen, Liebste? Du wirst einen reichen Mann heiraten. Wenn du dir deinen erlesenen Geschmack für Luxus bewahrst, wird er natürlich nach ein paar Jahren ein Bettler sein, aber das steht auf einem anderen Blatt.‹ Ich hoffe, ich habe ihr mit dieser Bemerkung den Tag verdorben; jedenfalls habe ich meinen gerettet.«

»Ich sage immer: ›Sprich die Wahrheit und beschäme den Teufel.‹ Der einzige Haken dabei ist, daß man den Teufel nicht beschämen kann.« Und später dieselbe Frau: »Sie nahm mich mit in ihre Parterrewohnung und zeigte mir alle ihre Kleider und Pelze. Es war, als zählte sie direkt vor meinen Augen ihre Glücksgüter... Es genügt ihr nicht, mit den Jones Schritt zu halten; sie muß sie überholen.«

*18.* Nachdem sie einen Abend mit einer anderen Frau verbracht hat, berichtet die Patientin: »Sie redete und redete und redete, bis ich das Gefühl hatte, eine Gehirnwäsche durchgemacht zu haben –

und das auch noch mit parfümierter Seife. Es wird ihr nie langweilig, wenn sie reden kann. Nur wenn andere sprechen, ist sie müde.«

*19.* Eine College-Studentin über eine andere: »Ich traf zufällig Jane und sagte ihr, daß ich nach Radcliffe gehen werde, und sie sagte mir, daß man sie in Bennington aufgenommen hatte. Ich fragte sie: ›Ist das nicht dieses Mädchenpensionat in Vermont?‹«

*20.* Eine Frau mittleren Alters, die sich eine andere Frau in einer sonderbaren Rolle vorstellt: »Wenn sie den Hamlet spielte, würde sie sagen: ›Geliebt werden oder nicht geliebt werden‹ – das ist die Frage, die sie sich jedesmal stellt, wenn sie einen Mann kennenlernt, der in Frage kommt.« Dieselbe Frau bei einer anderen Gelegenheit: »Sie glaubt, daß Gott die Jahreszeiten geschaffen hat, um ihr die Möglichkeit zu geben, neue Kleider zu kaufen.«

*21.* Ein Mädchen von etwa fünfundzwanzig Jahren, das den Dr. phil. in Anthropologie macht: »Die Frauen Zentralaustraliens und Neuguineas waren nicht so unterdrückt, wie es die frühen Forschungsreisenden und Missionare beschreiben... Wenigstens brauchten sie sich keine Gedanken darüber zu machen, was sie zu bestimmten Anlässen anziehen sollten.«

*22.* Nach einem Bridge-Abend: »Diese Frau kennt nur eine Leidenschaft – Bridge. Am Bridge-Tisch ist sie voller Temperament. Ich kann mir nicht vorstellen, daß sie in anderer Hinsicht sensibel ist, und ich glaube nicht, daß sie im Bett temperamentvoll ist – weder bei ihrem Ehemann noch bei einem anderen Mann.«
Über eine Dame der großen Gesellschaft: »Sie hat eine Köchin, ein Dienstmädchen und einen Butler, und sie verbringt einen großen Teil ihrer Zeit damit, auf der Couch zu liegen, weil sie, wie sie sagt, so nervös ist. Ja, sie liegt die meiste Zeit auf der Couch, entweder allein oder mit einem Mann – man könnte sagen, in einer Art Gruppentherapie.«

*23.* »Sie ist so veranlagt, daß sie sich gern anschließt, aber sie hat keine Ahnung, wem oder was sie sich anschließt. Sie sagte mir einmal, daß sie nie weiß, was sie bei solchen Zusammenkünften sagen wird, bis sie es sich sagen hört. Na ja, vielleicht wissen dann die anderen nicht, was sie sagt.«

*24.* Eine Frau in mittleren Jahren über ein junges Ehepaar: »Ich traf den Mann und wir plauderten eine Weile, auch über seine Frau. Er sagte, er hält sich für einen glücklichen Hund, weil er sie bekommen hat. Er hätte sie eine Hündin nennen sollen, die hinter ihm herlief, bis er sie heiratete.«

Später über dieselbe Frau: »Es ist ganz leicht, sie auf ihren Platz zu verweisen, aber es ist beinahe unmöglich, dafür zu sorgen, daß sie auch dort bleibt.«

Über eine andere Frau: »Ihr Mann wollte keine Kinder. Er lebte nur für seine Arbeit, das Immobiliengeschäft. Sie war ihm treu, und erst vor kurzem – nach beinahe zwanzig Ehejahren – fing sie etwas mit einem Journalisten an, dessen Wertlosigkeit ihr völlig klar ist. Aber sie sagt, daß er sie liebt. Nach einigen Monaten erzählte sie ihrem Mann alles über diese Affäre. Ich verstehe noch immer nicht, warum sie das tat. Vielleicht wollte sie ihrem Mann zeigen, daß sie für andere Männer noch begehrenswert ist. Oder wollte sie ihn bestrafen? Er ist beinahe nie zärtlich zu ihr. Er machte übrigens kein großes Theater wegen der Affäre. Er behandelt sie so, als wäre sie nicht sehr wichtig.«

Bei einer anderen Gelegenheit: »Ich kann es nicht vertragen, wenn eine andere Frau bei mir in der Küche ist – es sei denn, sie hilft mir beim Geschirrspülen.«

*25.* Eine kritische Tanzlehrerin zu ihren Schülerinnen: »Wenn Sie diese Drehung machen, nehmen Sie doch die linke Brust mit.« Zu einer Schülerin: »Von der Hüfte an aufwärts sind Sie ein Schmetterling, aber von der Hüfte an abwärts sind Sie eine Ziege.«

*26.* Leben mit der Schwester. Ein junges Mädchen beklagt sich: »Meine jüngere Schwester ist ein Ekel und provoziert jeden in der Familie. Ich habe oft das Gefühl, ich sollte ihr eine herunterhauen, weil sie uns alle beherrschen will.«

*27.* Unsicherheit eines jungen Mädchens: »Ich weiß nie, ob ich für eine Party zu gut oder zu schlecht angezogen bin, bis ich die anderen Leute dort sehe. Es ist wie mit einem Steak. Man weiß nicht, ob es für jemanden richtig ist, bevor man nicht sieht, wie er es ißt.«

»Ich war selbst überrascht von dem Erfolg meiner Lüge. Ich war beinahe stolz darauf, so als hätte ich in mir eine Begabung für eine künstlerische Tätigkeit entdeckt.«

*28.* Eine Psychiaterin: »Man hört von Männern oft die Behauptung, daß Frauen keine Moral hätten; sie meinen natürlich Ethik im Sinne Kants, einen Sittenkodex. Aber in Wirklichkeit haben Frauen ihre eigene Moral, die sich sehr vom System der Männer unterscheidet und vielleicht tief in den biologischen Funktionen der Frau wurzelt.«

*29.* Eine neunzehnjährige College-Studentin: »Meine Mutter sagt immer: ›Ich habe mich für dich aufgeopfert; mein ganzes Leben lang habe ich allein für dich gesorgt.‹ Sie foltert mich noch zu Tode mit ihrer Selbstaufopferung.«

*30.* Die Mutter dieses Mädchens in einer Konsultation: »Ich weiß nicht, ob die junge Generation nur so daherredet oder ob es ernstgemeint ist. Meine Tochter war gestern zum Abendessen zu Hause und danach ging sie rasch wieder weg. Ich fragte sie, warum sie es so eilig hatte und wohin sie noch gehen mußte. Wissen Sie, was sie mir antwortete? ›Ich muß mich aufs Kreuz legen lassen.‹«

*31.* Über eine jüngere Frau: »Sie geht mit ihrer Keuschheit um wie mit ihren Sommerkleidern. Wenn sie gelegentlich schmutzig werden, handelt sie nach dem Grundsatz: Wasch sie und zieh sie wieder an.«

*32.* Eine Frau über ihre Teenager-Tochter: »Mein Mann fragte mich: ›Hängt Jeanne immer noch am Telefon?‹ Ich antwortete: ›Sie ist heute noch nicht davon losgekommen.‹«

*33.* Über eine Freundin: »Es gab am Abend ein kaltes Büffet, und Emily füllte ihren Teller viermal nach. Mir gefiel das, denn sie fängt an, dick zu werden, und wenn sie so viel ißt, wird sie in kürzester Zeit richtig fett sein. Ich flüsterte ihr natürlich zu: ›Gib acht auf deine Figur!‹ Aber ich wußte, daß das nichts nützte.«

Über eine Szene vor dieser Party: »Meine Freundin Anne kam gerade, als ich mich anzog, um fortzugehen. Ich fragte sie: ›Wie gefällt dir mein neues Kleid?‹ Sie sagte: ›Gut, aber es ist so auffällig.‹ Nun frage ich Sie: Was soll denn ein Abendkleid anderes sein als auffällig?«

Über eine gewisse Frau: »Sie ist ständig damit beschäftigt, das Wasser zu glätten, wo keine Wogen sind.«

»Ich mag nicht einer der ersten Gäste auf einer Party sein. Deshalb ließ ich mir Zeit mit dem Umziehen und dem Make-up, und tatsächlich kam ich erst hin, als einige der anderen Gäste schon wieder gingen.«

Über ihre Freundin Anne: »Auf der Party sprach man über einen sehr reichen Mann, der ein Grundstück auf Fire Island besitzt. Jemand sagte, daß dieser Mann ein Snob ist und daß seine Villa während der Sommermonate ein Treffpunkt für viele Feen ist. Auf der

Rückfahrt in meinem Wagen fragte mich Anne, warum sich die guten Geister gerade an diesem Ort auf Fire Island versammeln. Sie hatte keine Ahnung, was man in New York unter ›Feen‹ versteht.« (Nämlich Homosexuelle. Anm. des Übers.)
Über ein junges Mädchen: »Sie ist halb frei und halb verlobt. Sie verstehen das nicht? Ich meine, sie sagt beides – natürlich zu verschiedenen Männern.«
*34.* Eine Frau, die die Geschichte ihres Lebens erzählt: »Meine Zimmerkollegin auf dem College gab mir die ersten richtigen Auskünfte über Sex. Sie war nicht nur selbst erfahren, sie machte es auch sehr gründlich und führte mir die Fakten des Geschlechtslebens pantomimisch vor.«
*36.* Eine Dame der großen Gesellschaft über ihre Tätigkeiten am Vortag: »Ich ging von einer Anprobe zur anderen und dann zur Vorstandsversammlung meines Clubs. Von dort aus mußte ich zu einer Modeschau gehen und dann rasch nach Hause, um mich für das Dinner umzuziehen, zu dem ich zehn Leute eingeladen hatte. Diese Einladungen machen mich kaputt.«
*37.* Eine Frau über sich selbst: »Ich bin eine zwanghafte Lügnerin. Ich lüge oft, wenn es gar nicht nötig ist, aber ich weiß nicht, warum. Ich kann nicht alles sagen, was ich gern sagen möchte, und muß vieles für mich behalten.«
*38.* Die Beschreibung des Erscheinens einer Frau auf einer Party: »Dann kam sie herein, bedeckt mit einem schwarzen Abendkleid, einer Menge Modeschmuck und Wimperntusche.«
*39.* »Man sagt, Schmeicheleien berühren nur die Oberfläche der Haut. Ich höre aber gern Komplimente. Ich denke, meine Haut muß wohl auf sie reagieren.«
*40.* »Sie sagte: ›Es ist unter meiner Würde zu antworten‹, aber ich glaube nicht an die Würde der Frauen. Sie tun nur vornehm. Sie alle sind Frauen, und das wissen sie auch.«
*41.* Eine Schauspielerin, die ihre Beschreibung durch eine Pantomime unterstützte: »Die Leute reden eine Menge dummes Zeug über den Charme der Wienerinnen. So eine Frau kommt ins Zimmer, beispielsweise auf einer Party, geht schnurstracks auf einen Stuhl zu und setzt sich – so, sehen Sie? Soll ich Ihnen zeigen, wie man uns beigebracht hat, sich zu setzen? Wir gehen auf den Stuhl zu und machen dann einen Schritt rückwärts, um uns zu setzen. Ist das nicht anmutiger?«

42. Über eine Dame der Gesellschaft, die Dinners und Tanzabende für philanthropische Zwecke veranstaltet: »Sie hat es leicht, Freunde zu gewinnen und Menschen zu beeinflussen, aber die haben es dann schwer, sie wieder loszuwerden.«
43. Aus dem Gespräch zweier Frauen in mittleren Jahren, die beide nach dem Einmarsch Hitlers in Wien in die Vereinigten Staaten kamen: »Ich bitte dich, Erika, mach nicht so einen Wirbel wegen der Liebschaft, die dein Mann hat, und droh ihm nicht mit der Scheidung. Glaub mir, wenn alle Frauen, deren Männer ein Verhältnis haben, sie verlassen würden, gäbe es in diesem Land nur noch geschiedene Frauen. Du hast ihm schon vor vier Jahren mit der Scheidung gedroht, als du ihm draufgekommen bist, daß er was mit der Schauspielerin hat, und dann bist du doch bei ihm geblieben, und du wirst auch jetzt bei ihm bleiben. Weißt du noch, wie man in Wien sagt? Nichts wird so heiß gegessen, wie es gekocht wird.«
44. Ihre Kleider sind immer mit Geschmack ausgesucht, sie ist immer gut frisiert und versucht, den besten Eindruck zu machen. Schade, daß sie nicht attraktiv ist.«
45. Eine Frau, die ihre Lebensgeschichte erzählt: »Als ich vierzehn Jahre alt war, wurde meine Mutter schwanger, und mein Bruder wurde geboren. Ich schämte mich so vor den Mädchen in der Schule. Meine Mutter war doch zu alt für Sex.«
46. »Ich fragte sie, was sie bei ihrer Scheidungsverhandlung tragen werde, und sagte ihr, daß ich ihre dicke Crêpe-Bluse und dazu einen langen Crêpe-Rock für recht passend hielt.«
47. »Sie hat wirklich schnell abgenommen. Entweder hat sie sich verliebt oder sie hat eine sehr wirksame Diät entdeckt.«
48. »Sie wollte einen Mann heiraten, zu dem sie so ekelig sein kann, wie sie es wirklich ist.«
49. »Sie trug Hosen. Wissen Sie, die Art, die man jetzt Toreador-Hosen nennt. Das erinnerte mich an spanische Stierkämpfer. Aber dann dachte ich, sie ist doch bloß eine Kuh.«
50. »Sie zeigte mir die Turnübungen, die sie morgens macht, um fit zu bleiben. Aber ich habe den Verdacht, sie sind für sie nur eine Probe, damit sie abends die Beine über dem Rücken eines Mannes verschränken kann.«
51. Ein Mädchen: »Ich möchte zu Lord & Taylor gehen und muß mich sehr sorgfältig anziehen. Die Verkäuferinnen dort mustern

einen sehr aufmerksam und zeigen einem gewisse Kleider gar nicht erst, wenn man nicht gut angezogen ist.«

52. Eine Aushilfslehrerin: »Das ist komisch; je weniger Geld ich habe, desto mehr gebe ich für Kleider und Nylonstrümpfe aus. Ich darf mein Aussehen nicht vernachlässigen. Die anderen Lehrerinnen beobachten, wie ich gekleidet bin.«

53. Über eine Dame der Gesellschaft: »Sie ist eine Löwenjägerin, und sie serviert ihre Beute bei den kleinen Dinner-Partys, die sie gibt.«

54. »Ein Mann sieht manchmal einen anderen Mann an, aber eine Frau mustert eine andere Frau immer von Kopf bis Fuß.«

55. Eine Frau in mittleren Jahren: »Eine Frau hat manchmal Geheimnisse vor sich selbst. Es ist so, als legte sie etwas, wofür sie sich schämt, in ein gewisses Versteck, um es für immer zu vergessen.«
Dieselbe Frau in einer andern psychoanalytischen Sitzung: »Frauen achten oft nicht sehr auf die tatsächlichen Worte, die Männer zu ihnen sagen, sondern auf die Untertöne, und so entwickeln sie einen starken Instinkt für deutliche Signale.«

56. Eine College-Studentin, die englische Literatur belegt hat: »Als ich krank war und im Bett lag, las ich sehr viel Lyrik. Ich hatte hohes Fieber und fürchtete ein oder zwei Tage lang, sterben zu müssen. Da gingen mir zwei Zeilen aus einem Gedicht von Andrew Marcell nicht aus dem Kopf. Sie werden sie kennen:

> Das Grab ist ein schöner, stiller Ort,
> Doch niemand, glaub' ich, umarmt dich dort.

Ich dachte, wie dumm ich gewesen war, Jack nicht nachzugeben – Sie wissen, dem jungen Mann, der mich so oft bat, mit ihm auf sein Zimmer zu kommen.«

57. Eine weltkluge Frau: »Es gibt nur wenige Frauen, die sich nicht bei gewissen Gelegenheiten fragen: ›Wie leicht oder wie schwer soll es eine Frau einem Mann machen?‹ Ich glaube, kein Mann macht sich solche Gedanken. Er fragt sich allenfalls: ›Wann wird sie nachgeben?‹«

58. Eine College-Studentin: »Wir tranken ein paar Gläser und gingen dann hinauf in sein Zimmer. Sie können sich denken, was dort passiert ist. Na ja, wissen Sie, ich habe nicht viel Charakter.«

59. Eine Frau über einen Mann: »Er war sehr leidenschaftlich, als er sich mir sexuell näherte. Man hörte es an seinem Atem. Aber während er mich liebte, ging ihm oft die Luft aus – auch in sexueller

Hinsicht.« Dieselbe Frau über einen andern Mann: »Wir sprachen über hundert verschiedene Themen, nur um nicht über unsere Beziehung sprechen zu müssen.«
»Ich hatte dieses Dienstmädchen seit meiner Hochzeit, und sie wußte alles über mein Verhältnis. Sie machte meinem Liebhaber immer die Tür auf, wenn er am Nachmittag kam. Sie wurde die willige Komplicin meines Ehebruchs.«
*60.* Eine sehr alte Dame: »Kein Mann hat mich je mit übereinandergeschlagenen Beinen sitzen sehen, wie es heute bei den Frauen üblich ist. Ich bin anders erzogen worden. Meine Mutter sagte mir, daß ein anständiges Mädchen immer beide Füße auf dem Boden hat.«
*61.* Eine seltsame Vorstellung von Sexualität drückte eine College-Studentin aus, der eine ältere Freundin geraten hatte, mich zu konsultieren. Sie erzählte mir ganz beiläufig, daß sie seit ihrem achtzehnten Lebensjahr wahllosen Geschlechtsverkehr hatte. Ich drückte mein Erstaunen darüber aus, daß ein wohlerzogenes Mädchen aus gutem Hause in bezug auf ihr Sexualverhalten so gleichgültig war, und sie sagte: »Ich habe oft darüber nachgedacht und kann vielleicht erklären, wie es dazu kam. Ich wurde als kleines Mädchen nach Italien geschickt, woher meine Eltern stammen, und besuchte dort eine Klosterschule. Ich spielte oft an mir selbst herum, und die Nonnen, die sehr streng waren, sagten mir, es sei eine Todsünde, an sich selbst herumzuspielen oder sich auch nur zu berühren, und ich würde im Höllenfeuer enden, wenn ich nicht damit aufhörte. Ihre Drohungen machten einen ungeheuren Eindruck auf mich. Als ich die Klosterschule verlassen hatte, ließ ich mich von irgendwelchen jungen Männern mitnehmen, wenn ich sexuell erregt war. Mit ihnen zu schlafen, erschien mir weniger sündhaft.«
*62.* Ein junges Mädchen: »Ich versuchte ihn dazu zu bewegen, über die Möglichkeit einer Heirat zu sprechen, aber er sagte so gut wie nichts. Es ist schwerer, ihn dazu zu bringen, darüber zu sprechen, als einen Zahn zu ziehen.«
*63.* Eine Frau, die ihren Psychoanalytiker kritisiert: »Sogar Ihre Spontaneität in den analytischen Sitzungen ist gekünstelt.«
*64.* Die folgende Ansicht über das Verhalten einer Frau wurde von ihrer Freundin ausgedrückt: »Sie bearbeitet diesen Mann und hat, glaube ich, gewisse Taktiken für verschiedene Situationen geplant. Ich glaube, sie wird ihn hinterhältig überfallen, wie es die Japse in Pearl Harbor machten. Er weiß natürlich nicht, daß sie die Absicht

hat, ihn zu heiraten. Während sie noch ihr diplomatisches Spiel treibt, wird er überrumpelt, und schon ist er verlobt.«

*65.* Ein junges Mädchen: »Wenn ich meiner Familie gegenüber aufrichtig wäre, müßte ich ausziehen.«

*66.* Eine von ihrem Lehrer begeisterte College-Studentin zu ihrer Freundin: »Weißt du, er spricht so gut, und es ist, als spräche er die ganze Zeit nur zu mir. Ich liebe ihn so sehr, und ich könnte mir vorstellen, daß ich ihn, du weißt schon, was, mit mir machen lassen würde.«

*67.* Eine junge Witwe: »Ich weiß, ich habe ein Lächeln für Frauen und ein anderes für Männer.«

*68.* Eine Frau mit einem abwechslungsreichen Sexualleben zu ihrem Liebhaber: »Keiner behandelt mich mit einer solchen Rücksichtslosigkeit wie du, und ich weiß nicht, warum ich das an dir so mag und an anderen nicht.«

*69.* Eine College-Studentin zu einer anderen: »Weißt du, ich bin einundzwanzig und noch Jungfrau. Manchmal kommt es mir so vor, als hätte ich ein körperliches Gebrechen.«

*70.* Eine College-Studentin zu ihrem Freund: »Ich kann lange ohne Sex auskommen, aber nicht ohne Liebe.«

*71.* Ein Mädchen, dessen geschiedene Mutter wieder geheiratet hat: »Meine Mutter besuchte mich gestern, und ich fragte sie, ob sie meinen Stiefvater liebt. Wissen Sie, was sie mir antwortete? ›Wie kann ich ihn lieben? Er ist so ein *Nebbich*, so ein Schwächling.‹«

»Mutter läßt sich schrecklich gehen. Sie hatte Laufmaschen in den Strümpfen, auf ihrer Bluse waren Schmutzflecke, und sie war nicht ordentlich frisiert.«

*72.* Ein Mädchen: »Alle Mädchen können gelegentlich Katzen sein und die Krallen zeigen, aber sie ist eine Wildkatze.«

*73.* Eine klatschende Frau über eine andere: »Sie ist eine richtige Dame, und nur ihre Feindinnen tuscheln, daß sie mannstoll ist. Tatsächlich weiß ich, daß sie es nicht ist – oder jedenfalls nur bis zu einem gewissen Grade. Sie war unlängst mit ihrem Mann in Paris und an der französischen Riviera. Als sie zurückkam, erzählte sie ihren Freundinnen, sie habe einen unwiderruflichen Entschluß gefaßt. Sie sagte, sie werde die Zahl ihrer Liebhaber während ihres ganzen Lebens auf vierzig beschränken. Warum gerade vierzig, werden Sie fragen. Sie hat gehört, daß das die Zahl der Mitglieder der *Académie française* ist. Sie nannte sie *les quarante immortels* und sagte, sie wolle den Männern, die mit ihr schlafen, das Gefühl geben, unsterblich zu sein, weil sie sie liebt.«

*74.* Ein Mädchen, das ein Verhältnis mit einem verheirateten Mann hatte: »Wenn ich an seine Frau dachte, schämte ich mich und fühlte mich ihr gegenüber schuldig. Die Rolle der ›anderen Frau‹, die ich spielte, war mir verhaßt. Außerdem war ich beinahe sicher, daß ich nicht allein ›die andere Frau‹ war, sondern nur eine der anderen Frauen, die dieser Mann hatte. Wenn ich nicht da war, hatte ich eine Stellvertreterin.«

*75.* Über eine andere verheiratete Frau: »Ja, sie geht jeden Abend nach dem Essen mit ihrem Mann spazieren. Aber es ist, als führte sie einen Hund aus, dessen Leine sie nicht lockerläßt.«

*76.* Eine Beobachtung über die Unterschiede zwischen den Geschlechtern: »Ich ertappe mich manchmal dabei, daß ich auf der Straße die Schuhe, die Strümpfe und den Rock einer Frau betrachte, die vor mir hergeht. Männer sehen immer auf die Beine der Frauen, aber mich interessiert, was für eine Art von Schuhwerk sie tragen und wie ihre Röcke geschnitten sind.«

*77.* Über eine Europareise: »Ich war in Salzburg bei den Festspielen. Ich finde, jetzt sollte jemand ein Stück mit dem Titel *Jedefrau* schreiben. Frauen haben auch ihre typischen Erlebnisse: erste Liebe, Heirat, Kindbett und vor allem: alle Ehemänner haben sie schließlich satt und werden ihrer müde und haben Verhältnisse mit anderen Frauen.«

»Als ich dahinterkam, daß mein Mann eine ganze Reihe von Affären gehabt hatte, spielte ich mit dem Gedanken, mir einen Liebhaber zu nehmen. Warum auch nicht? ›Was Soße für den Gänserich ist, ist auch Soße für die Gans.‹ [Ein Sprichwort, das dem deutschen »Was dem einen recht ist, ist dem anderen billig« entspricht. Anm. des Übers.] Aber ich bin wirklich eine Gans – ich meine, so dumm wie eine Gans. Ich könnte kein außereheliches Verhältnis haben.«

*78.* »Frauen wissen immer, woran sie mit einem Mann sind, aber sie wissen oft nicht, wie und warum sie es wissen.«

*79.* Eine ältere, erfahrene Frau: »Der Eindruck, den der erste Mann im Sexualleben einer Frau hinterläßt, ist unauslöschlich, wer immer er war. Es ist, als setzte ein Reisender den Fuß auf eine unbekannte Insel, die noch niemand betreten hat.«

»Wenn ein junger Mann und eine junge Frau oft miteinander verabredet sind, sieht gewöhnlich einer der beiden voraus, ob sie heiraten werden – nämlich die junge Frau.«

80. Am Ende dieses Teils, der von der Einstellung von Frauen zu anderen Frauen handelt, will ich ausnahmsweise einen Ausspruch zitieren, der nicht von einer Patientin stammt, sondern von Frau Freud. Ich begleitete die alte Dame einmal auf einem Spaziergang auf dem Semmering, einem Erholungsort unweit Wiens. Sigmund Freuds Frau war eine vorzügliche Ehefrau und Mutter und ein gütiger Mensch, aber gelegentlich konnte sie auch eine boshafte Bemerkung fallenlassen.

Sie sprach von ihrer Familie und sagte: »Ich komme mit meinen beiden Schwiegertöchtern ganz famos aus. Ich sehe sie nie.«

# III
# Frauen über Männer

*1.* Immanuel Kant stellte vor zweihundertfünfzig Jahren fest, daß die Frau ihr Geheimnis nicht preisgibt. Sie verrät es nicht einmal in psychoanalytischen Sitzungen leicht, es sei denn, sie ist sich der Selbstenthüllung nicht bewußt, was zum Glück oft genug der Fall ist.
Auf den folgenden Seiten wird man viele solche Selbstenthüllungen finden – vor allem über das Sexualleben der Frauen, das sich so sehr von dem der Männer unterscheidet –, und viele dieser Aussprüche vermitteln tiefere Einblicke als der Kinsey-Report. Der sexuelle Aspekt ist jedoch nur einer der hier behandelten. Es kommt die romantische und die abhängige und die mütterliche Einstellung zu den Männern zum Ausdruck, und die kritische fehlt selbstverständlich auch nicht.
Vielleicht wäre es angebracht, dem folgenden Abschnitt des Buches die Bemerkungen eines Professors der Psychologie während einer Lehranalyse als Vorwort voranzustellen. Diese Bemerkungen sind vielleicht nicht typisch, aber sie zeigen in rascher Folge die übliche männliche Überheblichkeit in bezug auf das Begriffsvermögen der Frauen und die unvermeidlich folgende Resignation.
Der Mann sagte: »Ich sah gestern in einem Schaufenster ein Buch mit dem Titel *Wenn Frauen Männer betrachten*. Ich nehme an, das ist eine Anthologie der Ansichten von Schriftstellerinnen über Männer. Es ist offensichtlich, daß Frauen viel mehr über Männer nachdenken als Männer über Frauen. Aber denken Frauen wirklich über Männer nach? Ich meine *denken* in des Wortes voller Bedeutung. Ich glaube, sie fühlen mehr, haben für Männer eher ein intuitives Verstehen als ein rationales, klares, psychologisches Begreifen.« Er machte eine Pause und fuhr dann fort: »Doch manchmal ist man geneigt zu glauben, daß ihr intuitives Verstehen wertvoller sein kann als unser Versuch, Frauen in psychologischen Begriffen zu verstehen. Ich habe einige gelehrte Bücher über das

Gefühlsleben der Frauen gelesen, und in diesen Büchern, die von hervorragenden Psychologen geschrieben wurden, steht eine Menge Unsinn. Wir verstehen nicht, was eine Frau bewegt. Sie bleiben seltsame Geschöpfe, regelrechte Fremde, selbst wenn man viele Jahre lang mit ihnen in enger Vertrautheit gelebt hat.«
Frauen wundern sich vielleicht manchmal über Männer, aber sie halten sie beinahe nie für hoffnungslos undurchschaubare und geheimnisvolle Wesen.
*2.* Es folgen einige Beispiele für die Verwunderung von Frauen über das Verhalten von Männern in sexuellen Situationen: »Mein Mann zitierte mir gestern ein lateinisches Sprichwort. Ich kann es nicht wiederholen, aber es besagt, daß jeder Mensch – oder heißt es jedes Tier? – nach dem Geschlechtsverkehr traurig ist. Aber mein Mann ist danach nicht traurig, sondern nur gereizt und ungeduldig mit mir.«
*3.* »Er spricht mit mir nie davor und auch nicht danach. Er könnte ebensogut stumm sein. Letzten Samstag mußte ich mittendrin denken, wie einer Frau zumute wäre, die mit einem Mann Geschlechtsverkehr hat, dessen Sprache sie nicht versteht. Es war komisch, aber ich dachte, der Mann könnte wenigstens ein paar zärtliche Laute von sich geben.«
*4.* Eine andere Art von Erstaunen erkennt man in dem Bericht einer jungen Frau: »Ich sah natürlich als Teenager männliche Genitalien, wenn sich die Jungen in der Schule unanständig aufführten, aber einen erigierten Penis sah ich zum erstenmal in meiner Hochzeitsnacht. Ich erinnere mich noch, daß ich dachte: ›Meine Güte, wie soll ich je ein so großes Ding in mich reinbekommen?‹«
»Ich muß mich immer wieder darüber wundern, daß er zuerst so klein und weich ist und so groß wie Goliath wird, wenn ich ihn berühre.«
*5.* Eine verheiratete Frau über einen Mann, der sie verführen will: »Mein Eindruck ist, daß er mich auf die Probe stellt. Er erzählt mir manchmal gewagte Geschichten, wenn er mit mir allein ist. Es kommt mir so vor, als wollte er herausfinden, wie weit er bei mir gehen kann und wie weit zu weit ist.«
*6.* Eine Frau in den späten Vierzigern über ihren Mann: »Was mich mehr kränkt als alles andere, ist seine Heuchelei. Wenn wir allein sind, sagt er nie etwas Nettes zu mir. Er macht nur sarkastische oder ekelhafte Bemerkungen. Aber sobald Leute kommen, sagt er

›Schatz‹ oder ›Liebling‹ und hält meine Hand oder legt mir den Arm um die Schulter, wenn wir nebeneinander sitzen.«

*7.* Eine Frau über ihren Mann: »Wenn wir auf einer Party sind, macht er anderen Frauen gegenüber anzügliche Bemerkungen, ja er macht ihnen beinahe regelrechte Anträge in meiner Gegenwart. Ich wollte, er würde mit einer von ihnen schlafen. Ich würde das seinem Benehmen in der Öffentlichkeit vorziehen. Er scheint nicht zu spüren, wie er mich durch seine betonte Aufmerksamkeit gegenüber anderen Frauen kränkt und demütigt...« Zehn Minuten später: »Gestern auf der Party führte er sich wieder so auf. Als wir spät nach Hause kamen, wußte ich natürlich, daß ich zu ihm ins Bett kommen sollte, aber ich habe auch meinen Stolz. Wenn er etwas will, soll er zu mir kommen.«

*8.* Eine verheiratete Frau, die ein Verhältnis hat: »Ich kam spät nach Hause, und nach dem Abendessen streichelte mein Mann mein Haar und küßte mich. Das kommt selten vor. Es ist, wie wenn einem jemand ein Geschenk gibt, das man nicht mag. Man verabscheut es, weil man spürt, daß er Dankbarkeit erwartet, und man nicht dankbar sein kann.«

*9.* Ein sehr naives junges Mädchen, das sich verliebt hat: »Ich bin so albern. Ich probiere manchmal aus, wie sein Name und meiner zusammen klingen. Ich stelle mir natürlich auch andere Sachen vor. Nennt man das eine Probeehe?«

*10.* Eine vierzigjährige Frau über einen Mann, mit dem sie ein Verhältnis hat: »Ich wundere mich über ihn. Beim Sex ist er wie Pulverkaffee – sofort gebrauchsfertig.«
»Seine Hände verirrten sich, aber sie kamen genau dort an, wo er sie haben wollte.«

*11.* Ein Mann Anfang Fünfzig: »Gestern abend nach dem Essen hatten meine Frau und ich ein ernsthaftes Gespräch über unser Sexualleben. Es wird immer schlechter. Immer, wenn ich irgendwie den Wunsch ausdrücke, Sex zu haben, und wenn sie nicht gerade Kopfschmerzen hat oder zu müde ist, geht sie ins Badezimmer, um ihr Pessar einzuführen. Sie bleibt immer sehr lang drinnen... Als sie gestern endlich herauskam und sich hinlegte, sagte sie plötzlich, es würde ihr helfen, wenn ich ihr vorher Gedichte vorläse – sie meinte, vor der Liebe. Haben Sie je so etwas gehört? Stellen Sie sich das vor: zuerst geht sie ins Badezimmer, und dann soll ich ihr noch Gedichte vorlesen! Ich frage Sie: Welcher Mann kann so lange warten?«

Der Psychoanalytiker gab dem Patienten recht, daß es schwierig sei, eine Erektion so lange zu halten, aber er versuchte auch, eine Erklärung für das Verhalten seiner Frau zu finden... Vielleicht gab es nicht genug zärtliches Vorspiel vor dem Geschlechtsakt, sagte ich. Frauen wollen umworben werden. Sie wollen bewundert werden, man muß ihnen sagen, daß man sie liebt, und sie wollen vom Mann zärtliche Worte hören. Das Gedichtelesen, erklärte ich, war für sie vielleicht ein armseliger Ersatz für das Umworbenwerden. Wenn er mit ihr vor dem Geschlechtsverkehr liebevoller umginge, würde das Vorlesen überflüssig sein, fügte ich hinzu. »Was soll das heißen?« sagte der Patient entrüstet. »Bin ich vielleicht nicht liebevoll genug? Als meine Frau gestern in der Küche an mir vorbeiging, gab ich ihr einen Klaps auf den Hintern.«

*12.* Eine Frau über ihren Mann: »Er kam voll großer Leidenschaft zu mir, aber plötzlich fiel die London Bridge herunter.« Während einer anderen Sitzung: »Mein Mann hat eine solche Leidenschaft für das Reiten und für Pferde entwickelt, daß ich dachte, er wäre glücklicher, wenn er in einem Stall leben könnte wie Gulliver, als er von seiner Reise zu den Houyhnhnms zurückkehrte.« Dieselbe Frau: »Ich weiß, daß es Männer gibt, die drei oder vier sexuelle Affären gleichzeitig haben. Ich verstehe nicht, wie sie das fertigbringen. Vielleicht brauchen sie aber auch nur eine gewisse Geschicklichkeit – wie Kutscher, die vier- oder fünfspännig fahren.«

*13.* Eine junge, seit zwei Monaten verheiratete Frau über ihren Mann: »Er ist so leidenschaftlich und möchte jeden Abend Liebe haben. Ich fürchte, seinem sexuellen Verlangen wird plötzlich die Luft ausgehen wie einem Ballon.«

*14.* »Mein Mann beklagt sich immer darüber, daß ich so lange zum Anziehen und für mein Make-up brauche, und ich sage dann: ›Wenn das rasch gehen soll, hättest du eben einen Mann heiraten müssen und nicht eine Frau.‹«

*15.* Eine Frau über Männer in sexuellen Situationen: »Das Wichtigste ist, daß ein Mann einer Frau keine Zeit zu denken läßt, während er sie liebt. Wenn ein Mann zögert, aufhört, mich zu küssen oder zu streicheln, möchte ich rufen: ›Hör nicht auf! Bitte, hör nicht auf.‹ Ich will, daß er weitermacht, ohne Unterbrechungen, ohne Pause. Es ist lächerlich, mich in diesem Augenblick zum Beispiel etwas zu fragen.«

*16.* Eine Frau mittleren Alters über ein Ehepaar: »Der Mann weiß natürlich, daß seine Frau einen Liebhaber hat, aber das scheint ihm nichts auszumachen. Sie ist eine sehr gute Köchin. Von der Gemeinschaft von Tisch und Bett zieht er offenbar den ersten Teil vor.«

*17.* »Es ist schwer für eine Frau, den Blick eines Mannes zu ignorieren, der auf der Straße an ihr vorbeigeht, aber es ist ganz leicht, so zu tun, als hätte sie ihn nicht bemerkt.«

*18.* Eine College-Studentin über sich selbst: »Ich hatte Geschlechtsverkehr mit einem Mann und dann mit einem anderen eine Woche später. Manchmal komme ich mir vor wie die Hure von Babylon. Dabei möchte ich in Wirklichkeit eine Ein-Mann-Frau sein.« Dasselbe Mädchen ein andermal: »Eine dumme Frau versteht mehr von der Art der Männer, als kluge Männer jemals über die Art der Frauen wissen werden.«

*19.* »Seitdem ich von dem Verhältnis meines Mannes weiß, denke ich manchmal daran, mir einen Liebhaber zu nehmen. Aber mich schaudert bei dem Gedanken daran, daß ich wieder anfangen müßte, mich an eine Art von ehelicher Intimität zu gewöhnen: anziehen, ausziehen und vor einem Mann ins Badezimmer gehen.«

*20.* Eine Frau Anfang Vierzig über ihren abwesenden Liebhaber: »Ich habe mir oft Fragen gestellt, seitdem er mit diesem Vertrag nach Argentinien geflogen ist. Er wird dort zwei Monate bleiben. Ich bin überzeugt, daß er innerhalb einer Woche mit einer anderen Frau schläft. Warum ist das bei Männern so? Haben Sie kein Herz, keine Erinnerung, keine beständigen Gefühle? Eine Frau kann das nicht tun. Sie kann ihre Liebhaber nicht wechseln wie ihre Kleider. Ich denke oft an ihn, seitdem er fort ist. Er ist nicht nur in meinen Gedanken, sondern auch in meinem Körper, in meinem Blut.«

*21.* Eine verheiratete Frau über ein sexuelles Abenteuer: »Er schlief danach ein. Ich stand auf und ging zu seiner Jacke. Ich fand einen Brief aus Kalifornien, von seiner Frau. Jetzt weiß ich, daß er verheiratet ist.« Dieselbe Frau: »Mein Mann ist nicht mehr sehr potent. Ich helfe ihm natürlich, so gut ich kann, aber... Sie kennen das ja: ›Man kann ein Pferd zum Wasser führen, aber man kann es nicht zum Trinken bringen.‹«

*22.* Eine Frau mittleren Alters: »Die meisten Männer wissen so wenig über die Sexualität der Frau, mit der sie schlafen, wie die Reisenden in einem Eisenbahnabteil über die Lokomotive, die ihren Zug zieht.«

»Man braucht keine Zauberin zu sein, um Männer in Schweine zu verwandeln. Man braucht nur Sex-Appeal.«

*23.* Eine andere Frau: »Ich glaube, mein Mann erwartet Geschlechtsverkehr als Belohnung für die Nachricht von einem guten Geschäft, das er gemacht hat.«

»Er liebt so mechanisch, als wäre mein Körper eine Sex-Maschine oder ein Computer.«

*24.* Romantische Gefühle erwachen in einem Mädchen, das sagt: »Ich leide an einer ernsthaften Depression, seitdem mein Freund und ich darüber sprachen, daß wir nicht heiraten können. Ich muß natürlich so tun, als wäre ich unabhängig von ihm, obwohl ich es nicht wirklich so empfinde. Ich ertappe mich oft dabei, daß ich mich in meinen Gedanken krankhaft mit ihm beschäftige und auf das Läuten des Telefons warte.«

*25.* Junge Mädchen geraten oft in Situationen, in denen sie in großer Verlegenheit sind: »Gestern abend beim Tanzen war da ein netter junger Mann. Ich kannte ihn nicht, aber er gefiel mir. Ich sah ihn an, und er sah mich an, und manchmal begegneten sich unsere Blicke. Ich hoffte, er werde zu mir herüberkommen, mit mir sprechen und mich zum Tanzen auffordern. Aber er tat es nicht. Er schien schüchtern zu sein. Was konnte ich tun? Ich konnte doch nicht eine Fahne nehmen und winken, oder?«

Dasselbe junge Mädchen bei einer späteren Gelegenheit: »Ich wollte ihn anrufen und ihn bitten, sich irgendwo in Manhattan mit mir zu treffen. Ich wollte, daß er mich zum Essen ausführte oder mit mir tanzen ging. Ich wählte seine Nummer und hörte seine Stimme, und dann fehlte mir der Mut. Ich legte auf. Ich konnte es einfach nicht tun, aber es machte mich glücklich, seine Stimme zu hören.«

Dasselbe Mädchen wiederum einige Wochen später: »Er küßte mich, und dann küßte ich ihn. Mitten in den Zärtlichkeiten machte ich mir Sorgen, ob nicht etwa mein Rocksaum verrutscht war.«

»Bevor ich aufs College ging, sagte meine Mutter immer wieder: ›Die erste Pflicht eines anständigen Mädchens in Gesellschaft von Männern ist es, den Rock unten zu behalten.‹«

*26.* Eine reife Frau: »Wenn im Bett alles getan ist, ist nicht alles gesagt. Sie verstehen mich, nicht wahr?«

»Ich war ein Jahr mit ihm verheiratet. Wie das Sexualleben mit ihm war, wollen Sie wissen? Je weniger man darüber sagt, desto besser... und es gab sehr wenig darüber zu sagen.«

*27.* Eine Frau über einen Mann, der ihr Liebhaber gewesen war: »Wenn ich jetzt an ihn denke, fühle ich nicht die geringste Erregung. Ich kann mich nicht einmal mehr daran erinnern, daß ich damals in seiner Gegenwart erregt war. Der Brunnen ist ausgetrocknet.«
*28.* Eine Frau über ihr Sexualleben: »Nein, ich erlebe nicht jedesmal einen Orgasmus, aber manchmal bringt er mich soweit, und dann gebe ich von meiner Substanz, wie eine Biene Honig gibt.«
*29.* Eine Frau spricht von ihrer Hochzeit: »Als wir nach der Hochzeit nach Hause kamen, warf ich ihm die Arme um den Hals und er wich zurück. Nun bin ich über zwanzig Jahre verheiratet, und ich habe das nie wieder getan. Ich bin natürlich frigid; ich meine bei ihm, nicht bei anderen Männern.«
»Mein Mann wollte manchmal Sex haben, und zwar zufällig gerade, wenn ich aus der Wohnung meines Liebhabers nach Hause gekommen war. Ich mußte meinem Mann natürlich nachgeben, aber es war mir so gleichgültig wie nur was.«
»Ein Mann ist das einzige Tier, das gern gejagt wird.«
»Alle Männer sind gleich. Sie wollen alle so schnell wie möglich mit einer Frau ins Bett gehen.«
*30.* Eine Frau in mittleren Jahren, Flüchtling aus Nazideutschland: »Ich summe manchmal eine kleine Melodie, die meine Mutter oft sang. Sie stammt aus einer Berliner Operette:

›Die Männer sind alle Verbrecher…
Aber lieb, aber lieb sind sie doch.‹«

*31.* Eine Patientin über einen Besuch beim Arzt tags zuvor: »Ich erzählte dem Doktor meine ganze Geschichte. Mein Mund war so trocken, daß ich fragte, ob ich ein Glas Wasser haben könnte. Ich erwartete natürlich, daß er es mir bringen würde wie ein Gentleman. Aber er zeigte nur auf den Wasserhahn und die Gläser. Als ich hinüberging, hatte ich das deutliche Gefühl, daß er auf meine Beine sah.«
*32.* Eine verheiratete Frau beschreibt ihren Besuch bei einem Junggesellen: »Ich war mehr als zwei Stunden in seiner Wohnung. Er gab mir Wein, und wir sprachen über viele Dinge – auch über uns selbst. Ich sagte ihm, daß meine Ehe nicht glücklich ist. Er sagte, daß er mich liebte. Wir küßten und streichelten uns dann lange. Als ich auf die Uhr sah, bemerkte ich zu meinem Schrecken, daß es höchste Zeit war, nach Hause zu gehen. Ich wollte dort sein, wenn mein Mann aus dem Büro heimkam. Ich mußte in aller Eile mein Make-

up in Ordnung bringen... Später, daheim, erinnerte ich mich an unsere langen Zärtlichkeiten, und ich bedauerte, daß wir keine Zeit gehabt hatten, uns besser kennenzulernen.«

Dieselbe Frau spricht von zwei Arten von Männern, die sie in letzter Zeit kennengelernt hatte. Über den einen sagt sie: »Er ist fünfzig Jahre alt, aber Frauen gegenüber schüchtern wie ein Schuljunge.« Über den anderen: »Er hat keine Freunde, aber er läuft allen Mädchen nach. Er ist, wie man so sagt, ein einsamer Wolf. Na ja, ein Wolf ist er jedenfalls.«

Über ihre Ehe: »Unsere Hochzeitsnacht war das Gegenteil unserer Verlobung und unserer Liebesgeschichte.«

Über Partys: »Männer sind komisch. Wenn man in aller Unschuld mit ihnen flirtet, nur um eben zu flirten, fassen sie das als Versprechen einer Affäre auf.«

Mehrere Monate später: »Ich hatte meinen Mann satt und wollte eine vorübergehende Affäre mit diesem Musiker haben. Aber nachdem wir ein paarmal miteinander geschlafen hatten, verliebte ich mich wirklich in ihn. Es ist für eine Frau nicht leicht, nur so nebenbei ein Verhältnis zu haben. Männer haben es in dieser Hinsicht viel besser.«

»Frauen drücken manchmal Gefühle, die sie gar nicht haben, überzeugend aus, und sie verbergen sorgfältig, was sie wirklich empfinden... Männer sind so leichtgläubig. Ihre Naivität erstaunt mich immer wieder... Für eine Frau ist es viel schwieriger, aufrichtig zu sein, als für einen Mann.«

*33*. Die folgenden Aufzeichnungen, die wie alle anderen Notizen nach psychoanalytischen Sitzungen – und oft in den Pausen zwischen ihnen – niedergeschrieben wurden, verfolgen die Entwicklung der Liebesgeschichte einer College-Studentin. Sie erstrecken sich natürlich über mehrere Monate. Die Aussprüche der Patientin liefern uns seltene Einblicke in ihr Gefühlsleben:

»Wie jedes Mädchen über zwanzig schreckte mich manchmal das Gespenst des Ledigenstandes. Die Drohung, eine verbitterte alte Jungfer zu werden, hing über mir wie ein Damoklesschwert... Ich war manchmal beleidigt und beschämt, wenn ich die Gedanken in den Augen der Männer las, die mich auf der Straße betrachteten. Aber wenn sie mich nicht beachteten, war ich noch mehr beleidigt.

Wenn ich mit John sprach, war ich oft ganz gerührt von seinem kindlichen Wesen. Er war noch so ein Junge! Er nahm alles, was ich sagte, sehr ernst – Sie wissen, all die Albernheiten, die ein Mädchen manchmal von sich gibt. Er war auch sehr bestürzt, wenn ich einmal meine Meinung änderte. Er sah mich dann an, als könnte er mich überhaupt nicht verstehen.

Seitdem wir Geschlechtsverkehr hatten, denke ich immer an ihn. Meine Freundin sagt, das sei nicht gut und ich solle mich zurückhaltender benehmen, wenn ich mit ihm zusammen bin. Aber ich kann mir nicht helfen, und er weiß das.

Was den ersten Geschlechtsverkehr mit diesem jungen Mann betrifft: ich zog mein Kleid und meinen Büstenhalter aus und legte mich auf sein Bett und wartete auf ihn, und einen Augenblick lang sah ich mich als Opfertier auf dem Altar.

Er stand auf, als es vorbei war und sah mich an, wie ich so nackt dalag, und ich war sehr verlegen, weil ich nicht wußte, was für einen Eindruck ich auf ihn, so nackt im Bett liegend, machte, und ich deckte mich zu. Er lachte.

Wenn wir uns liebten, benahm er sich in den Pausen dazwischen manchmal so, als hätte er meine Gegenwart vergessen, und einmal fragte ich ihn: ›Wo bist du mit deinen Gedanken?‹ Aber er antwortete nicht.

Manchmal provozierte ich einen Streit mit ihm, weil ich mich auf die Versöhnung freute, die ich dann herbeiführte. Er war dann manchmal sehr liebevoll zu mir.

Er machte sich Sorgen, weil ich sechs Wochen lang meine Regel nicht hatte. Er fragte mich noch einmal danach, und ich sagte: ›Es ist später, als du glaubst.‹

Er sagte, wir müßten vernünftig sein. Meine Freundin erklärt mir, daß Männer immer ›wir müssen vernünftig sein‹ sagen, wenn sie Schluß machen wollen.

Er konnte Vorwände und Ausflüchte finden, und er konnte beinahe ebenso unbefangen und einfallsreich lügen wie eine Frau.

Als er sich bei unserem letzten Zusammentreffen verabschiedete, küßte er mich auf die Wange wie ein Kind. Ich fühlte mich versucht, ihn zu fragen, ob er mir nicht auch den Kopf tätscheln sollte.

Ich denke jetzt oft an ihn. Kein Mann kann ein Mädchen so lieben wie ein Mädchen einen Mann.

Der Geschlechtsverkehr dauert nur kurze Zeit. Dann verläßt einen der Mann, und man ist wieder allein wie zuvor.

Ein paar Monate später machte mir ein netter junger Mann den Hof. Ich hatte meinen Spaß daran, ihn zu quälen. Ich rächte mich an ihm für den Kummer, den mir John bereitet hatte, als er mich nicht mehr liebte und sich einer anderen Frau zuwandte. Gleichzeitig wußte ich, daß ich dem neuen Mann gegenüber grausam war, und ich hatte Schuldgefühle.«

*34.* Eine verheiratete Frau: »Das beste, was eine Frau für ihren Mann tun kann, wenn sie in Gesellschaft sind, ist, daß sie ihn ins Scheinwerferlicht stellt.«

*35.* Eine Schauspielerin über eine emotionale Veränderung, die sie durchmachte: »Ich war ein Jahr in Hollywood und wurde in mancher Hinsicht sehr maskulin. Aber ich ging natürlich nicht so weit, daß ich gewisse feminine Dinge wie klatschen, einkaufen gehen und flirten verlernte.«

*36.* Eine Karrierefrau: »Manchmal besuche ich die Mädchen, mit denen ich auf dem College war. Die meisten sind jetzt verheiratet und haben schon ein Kind oder sogar zwei. Ich beneide sie natürlich. Aber neulich beobachtete ich, wie Annes Mann ihr mit einer Art von herablassendem Lächeln zusah, als sie sich bückte, um ihr Baby in die Arme zu nehmen, und ich dachte: ›Das wird mir nicht passieren.‹ Natürlich möchte ich auch ein Kind haben, aber dann möchte ich so schnell wie möglich meine Karriere fortsetzen. Mein Mann sollte mich nie so ansehen – so ohne Achtung vor mir.«

*37.* Eine verheiratete Frau in den frühen Vierzigern: »Sie wissen nicht, wie oft Frauen, die gut versorgt sind, an die Witwenschaft denken. Ich meine, wie oft sie die Aussicht auf eine zukünftige Witwenschaft genießen – selbst wenn sie ihre Männer recht gern haben. Sie freuen sich auf eine Zukunft, die voller Möglichkeiten steckt, und haben ihre Träume wie ein lediges junges Mädchen, das sich auf das Eheleben freut. Unlängst hatte ich einen Streit mit meinem Mann und war deprimiert. Und dann ertappte ich mich dabei, daß ich davon träumte, eine ›lustige Witwe‹ zu sein.«

Dieselbe Frau über einen emotionalen Unterschied zwischen den Geschlechtern: »Eifersucht macht einen Mann blind und blöd. Er möchte die Wahrheit finden, wie ein Stier das rote Tuch finden und attackieren will, das ihn reizt oder wütend macht. Eine Frau, die eifersüchtig ist, ist vor allem einmal nicht so aufrichtig in bezug darauf wie ein Mann. Sie verbirgt es und ist schlau und entdeckt oft die Wahrheit geschickt auf indirekte Weise, manchmal durch diskrete

Fragen. In meinen Augen ist Othello ein Narr. Wäre Desdemona eifersüchtig gewesen, so würde sie ein Genie im Aufspüren von Fakten geworden sein.«

*38.* Die Mutter zweier Kinder: »Ich weiß wirklich nicht, was dann geschehen ist, ich weiß nur, daß mir dieser Mann – mein Liebhaber – zu meinem ersten Orgasmus verhalf, und das nachdem ich beinahe zehn Jahre mit Ben verheiratet gewesen war. Diese ganze Zeit war ich frigid gewesen. Ich wußte natürlich, daß der andere Mann Ben in jeder Hinsicht unterlegen war. Und ich liebte meinen Mann. Aber ich sah in meinem Liebhaber eine Art Zauberer, der Wunder tun konnte, wenn er mir diese tief befriedigenden Orgasmen verschaffte. Das passierte jedesmal, wenn ich mit ihm zusammen war. Er war in meinen Augen eine Art Erlöser. Ich war bereit, Ben und sogar meine Kinder zu verlassen und mit ihm zu gehen, wohin immer er wollte.«

*39.* Eine Frau, die die Geschichte ihrer Ehe erzählt: »In der ersten Woche unserer Flitterwochen liebte er mich oft, wie er es übertrieben nannte. Ich wachte am Morgen auf, dachte an das, was in der Nacht geschehen war, und sagte mir: ›Es muß doch im Leben mehr geben als das...‹ Nach dem Geschlechtsverkehr steht er sofort auf und geht ins Badezimmer, um sich zu waschen. Denkt er, ich bin schmutzig oder mache ihn schmutzig? Ich fühle mich dann tief gekränkt. Der Gedanke an das, was nach unserer ›Liebe‹ geschieht, kam oft schon vorher, und ich war nicht feucht genug... Ich war so trocken wie das Holz Ihres Schreibtisches... Als ich schwanger wurde und man es sah, wollte mein Mann mit mir nicht mehr ins Konzert und nicht einmal in ein Restaurant gehen. Es war, als schämte er sich, weil ich so dick war.«

*40.* Eine verheiratete Frau, die eine außereheliche Beziehung gehabt hatte: »Er ging mit mir in ein billiges Hotel, und als ich mir die Wände, den Fußboden und das Bett ansah, nachdem wir Geschlechtsverkehr gehabt hatten, kam ich mir selbst billig vor, und ich fühlte mich meinem Mann gegenüber schuldiger wegen dieser schäbigen Umgebung. Aber meinem Liebhaber machte sie gar nichts aus. Es war, als bemerkte er nichts von der Umgebung und sähe nur mich... Als ich nach Hause kam, fragte mich mein Mann, wo ich gewesen sei und warum ich so spät käme. Ich sagte, ich sei bei einer Freundin gewesen und wir hätten uns verplaudert, ohne auf die Zeit zu achten... Ich erinnere mich an eine Zeit, in der mir noch bewußt war, daß ich ihn belog. Jetzt ist mir manchmal nicht mehr klar, ob ich die Wahrheit sage oder lüge. Er belügt mich nicht, und wenn er es wirklich einmal versucht, der arme Kerl, durchschaue ich ihn sofort.«

*41.* Eine College-Studentin: »Als ich auf die Party kam, wurde mir eine ganze Reihe junger Männer vorgestellt, und ich sah sie mir an. Plötzlich dachte ich an eine Cafeteria unweit der Columbia University, wo ich ein paarmal zu Abend gegessen hatte, wenn es zu spät geworden war, um daheim noch zu kochen. In der Cafeteria geht man von einem Schalter zum nächsten und sucht sich das Gericht aus, das einem gefällt. Ebenso betrachtete ich die jungen Männer auf der Party und fragte mich: Welchen würde ich mir aussuchen – wie in der Cafeteria, Sie verstehen.« Bei einer anderen Gelegenheit: »Vor dem Ausgehen besah ich mich selbst und mein Kleid im Spiegel und bemerkte, wie es glatt bis zum Saum hinunterhing. Ich frage mich manchmal, ob auch Männer so an ihren Hosen hinuntersehen.«

Dasselbe Mädchen über ein Erlebnis in letzter Zeit: »Wir machten abends zusammen einen Spaziergang durch den Park. Es war schon dunkel geworden. Plötzlich umarmte und küßte er mich. Ich war einen Augenblick erschrocken und stieß ihn zurück. Später sagte er mir, ich hätte ›Jesus, Maria und Josef!‹ gerufen. Ich konnte mich nicht daran erinnern, ich wußte nur noch, daß ich überrascht war wie durch einen plötzlichen Überfall. Er sagte auch, er habe aus meinem Ruf gefolgert, daß ich katholisch sei. Er ist Jude, wissen Sie, aber es störte ihn nicht im geringsten, daß ich katholisch bin... Wir gingen weiter und plauderten, und ich wußte, daß er mich wieder küssen wird, aber nun war ich natürlich darauf vorbereitet und wünschte mir, daß er es tat. Mehr noch, während wir uns unterhielten, begann ich zu zählen – eins, zwei, drei –, weil ich neugierig war, wann er mich küssen werde... Später nannte er mich ein süßes Mädchen. Ich sagte nichts – was soll man da auch sagen? Aber ich wußte, daß ich ganz und gar kein süßes Mädchen bin und daß er in mir jemanden sieht, der ich nicht bin.«

*42.* Eine Sekretärin in einem Anwaltsbüro: »Ich bat Nelson, bis zum Abend zu warten, aber er sagte: ›Was ist gegen eine Matinee und eine Abendvorstellung einzuwenden?‹ Ich mußte nachgeben, und wir gingen am Nachmittag ins Bett. Am Abend sagte er, er sei müde. Es gab natürlich keine Abendvorstellung. Als ich morgens aufstand, sah ich zu meinem Schrecken, daß ich eine lange Laufmasche in einem meiner Strümpfe hatte. Er sagte: ›Das ist doch kein Unglück.‹ Aber ich konnte nicht gut so im Büro erscheinen. Ich war schon spät dran, weil ich verschlafen hatte, und mußte laufen. Meine einzige Hoffnung war, daß ich einen Laden fand, der so früh schon offen hatte und wo ich mir nahtlose Nylons kaufen konnte. Zum Glück sah ich einen. Die Verkäuferin machte gerade auf, als ich vorbeikam, und sie erlaubte mir, die Strümpfe im Laden anzuziehen.«

*43.* Eine reife Frau über einen Junggesellen: »Er hängte seinen Wagen an einen Stern – ich meine natürlich einen Filmstern.« (Die Wendung bedeutet im Englischen: »Sich ein hohes Ziel stecken.« Anm. des Übers.)

*44.* Eine junge Frau über eine andere: »Sie leidet manchmal unter der Wahnvorstellung, nicht mehr von Männern verfolgt zu werden. In diesen Zeiten ihres Nichtverfolgungswahns ist sie sehr deprimiert.«

*45.* »Täuschen Sie sich da nicht: eine Frau in einem Restaurant oder auf der Straße hat Sie lange gesehen, bevor Sie sie sehen, und sie hat ihre Körperhaltung oder Pose auf den Augenblick vorbereitet, in dem Sie sie sehen.«

*46.* Es ist etwas typisch Feminines an der Einstellung dieser Frau: »Ich streichelte meinen Körper zärtlich, so wie es James tat, und wurde erregt, indem ich mich an ihn erinnerte. Ich verstehe Leute, die Romane über Liebe und Sex schreiben, nicht. Ich erlebe sie in meiner Phantasie. Genügt das nicht? Warum müssen Sie darüber schreiben?

Seitdem mich James verlassen hat, höre ich meine Freundinnen gern über ihre Liebhaber sprechen. Wenn ich ihnen zuhöre, habe ich den Eindruck, ein Echo meiner eigenen Erlebnisse zu vernehmen.«

*47.* Eine Patientin zu ihrem Psychoanalytiker: »Wenn Sie mir lange zuhören, ohne etwas zu sagen, habe ich oft den Eindruck, daß das, was ich sage, albernes Weibergeschwätz und ganz wertlos ist. Es ist so, als fänden Sie es nicht der Mühe wert, mit mir zu reden.«

Dasselbe Mädchen nach einer psychoanalytischen Behandlung von mehreren Monaten: »Gestern hatte ich einen Traum, und ich konnte ihn selbst deuten, als ich morgens aufwachte. Es war Sonntag, ich brauchte nicht früh aufzustehen, und mir ging alles mögliche durch den Kopf. Ich hatte geträumt, daß ich in die Wäscherei im oberen

Stadtteil ging. Als ich dort ankam, packte ich meine Bett- und Leibwäsche aus und war erstaunt, wieviel schmutziges Zeug ich hatte. Es war viel mehr, als ich gedacht hatte, und es waren sogar einige Stücke dabei, die ich nicht sofort als meine eigenen erkannte. Meine Wäscherei liegt aber gar nicht in der oberen Stadt, sondern gleich in meiner Straße – aber Ihre Praxis ist in der oberen Stadt. Als ich im Bett lag, dachte ich, daß ich am Montag zu meiner psychoanalytischen Sitzung kommen werde. Ich wasche meine Schmutzwäsche in diesem Sprechzimmer. Es ist wahr, daß ich mich oft darüber wundere, wie viele schmutzige Gedanken ich habe und daß ich manchmal zögere, gewisse Gedanken als meine eigenen anzuerkennen.
Als ich einundzwanzig war, hatte ich ein Verhältnis mit dem Apotheker an der Ecke der Ninth Street. Er war verheiratet und hatte zwei Kinder, und er war hinter den Frauen her. Ich stellte mir damals manchmal vor, was meine Freundinnen über mich sagen würden: ›Was für einen Umgang die hat!‹«
*48.* Eine Frau in den Vierzigern: »Komplimente von Männern? Man hört sie gern, aber man glaubt sie natürlich nicht. Trotzdem stelle ich mich manchmal vor den Spiegel, um zu sehen, ob ein Kompliment, das man mir gemacht hat, zutrifft.«
*49.* Eine verheiratete Frau: »Ich leugne vor mir selbst, daß ich manchmal sexuell erregt bin, wenn ich an einen bestimmten Mann denke. Können Männer das auch?
Mein Mann und ich hatten an diesem Abend einen heftigen Streit. In der Nacht kam er in mein Bett. Er wollte sich mit mir versöhnen, aber ich war nicht feucht genug, und es war mir völlig egal, ob er kam oder nicht. Wenn ich ihn liebe, möchte ich seine Nässe spüren, aber diesmal nicht.
Ich fragte mehrere Leute, ob sich Männer auch manchmal in den Schlaf weinen. Ich glaube es nicht.«
*50.* Ein Mädchen Ende Zwanzig, noch Jungfrau: »Ich hörte mir gestern abend die Platte *My Fair Lady* an. Dann ging ich zu Bett, aber ich konnte nicht einschlafen. Diese Walzermelodie ›Ich hab' getanzt heut' nacht‹ verfolgte mich. Ich konnte sie nicht loswerden. Plötzlich fiel mir ein, daß das Wort *getanzt* vielleicht ein Ersatz für ein anderes Wort ist. Ich werde den vulgären Ausdruck nicht aussprechen, an den ich gedacht habe. Aber die Melodie verfolgte mich nicht mehr und ich schlief ein.«
*51.* Ein Mädchen über den Freund, der in einer anderen Stadt

wohnt: »Wissen Sie, er schrieb mir, daß ich die einzige Oase in der Wüste seines Lebens dort oben bin.«

Dasselbe Mädchen über einen anderen College-Studenten: »Er liest nur eskapistische Literatur, Romane und solches Zeug. Ich glaube, er will vor sich selbst fliehen.«

Dasselbe Mädchen zwei Jahre später über ihren Freund: »Ich dachte oft darüber nach, wie ich ihn zwingen könnte, mich zu heiraten. Ich könnte, zum Beispiel, dachte ich mir, mit einer feinen Nadel winzige Löcher in seine Gummis machen. Vielleicht würde ich dann schwanger. Aber das war vor mehr als einem Jahr. Jetzt langweilt er mich so, daß ich heulen könnte.«

*52.* Ein junges Mädchen: »Während ich ein paar kluge Antworten auf seine Fragen gab und freundlich zu seinen Komplimenten lächelte, sah ich mir seine Hände an und stellte mir vor, wie es wäre, von ihnen berührt zu werden.«

*53.* Nach der Rückkehr aus Europa berichtet eine College-Studentin: »Als wir an die französische Grenze kamen, verlangte der Zollbeamte, daß ich eine meiner Reisetaschen aufmachte. Ich war so verlegen, denn sie enthielt meine ganze Unterwäsche. Und wo er doch Franzose war...«

Dasselbe Mädchen über frühere Jahre: »Meine Mutter kaufte mir meinen ersten BH, und ich erinnere mich noch, wie stolz ich auf ihn und meine kleinen Brüste war. Aber so klein waren sie gar nicht. Einige Jungen in der Schule machten Bemerkungen über sie.«

*54.* Eine ältere, erfahrene Frau gibt einer jüngeren Ratschläge: »Verstellung ist für eine Frau in gewissen Situationen Männern gegenüber eine Notwendigkeit, beinahe so sehr, daß sie nicht mehr weiß, was ihre wahre Natur ist... Jede Frau muß zumindest ein bißchen ein Luder sein...«

*55.* Eine Frau, die die Geschichte ihrer unglücklichen Ehe erzählt: »Er war ein typischer Neuengländer und hatte höchst idealistische Vorstellungen von der Liebe. Ich war bei ihm natürlich frigid, weil ich mich vor ihm schämte und mich nicht gehenlassen wollte. Immer störte mich der Gedanke: ›Was würde er von mir halten?‹ Ich hatte dann mehrere Verhältnisse und war gar nicht frigid.«

*56.* Eine Frau zu ihrem Mann: »Du hast ein ausgesprochenes Talent, immer das Falsche zu mir zu sagen – oder anderes zur falschen Zeit.«

57. Eine junge Frau vertraut ihrer Freundin an: »Ich hörte, daß er von mir sagte: ›Sie hat den Geist eines Kindes.‹ Nun frage ich dich: soll ich das als Kompliment oder als Beleidigung auffassen?«
58. Eine Frau über einen Mann, den sie kennengelernt hat: »Jeder weiß, daß ihn verbotene Früchte locken. Er hatte viele Verhältnisse mit verheirateten Frauen. Jemand sagte neulich über ihn, daß er eben immer die Kirschen in Nachbars Garten haben möchte.«
59. Es steckt ein wahrer Kern in der Klage, die eine Frau mittleren Alters in einer psychoanalytischen Sitzung äußerte: »Männer sind seltsam. Sie erlauben uns nicht, nur Frauen zu sein, ich meine Frauen mit all ihren Launen und Schwächen. Aber sie lassen uns keinen Augenblick vergessen, daß wir nur Frauen sind.«
60. Ein Mädchen, das Germanistik studiert: »Ich versuchte gestern, Schillers *Lied von der Glocke* zu übersetzen. Anne, die aus Deutschland kommt, half mir. Ich kam zu den Zeilen:

›Mit dem Gürtel, mit dem Schleier
Reißt der schöne Wahn entzwei.‹

Ich dachte zuerst, das bedeutet, daß die Liebe für den Mann endet, wenn er das Mädchen defloriert hat. Aber Anne sagte mir, es bedeutet, daß die Illusion der Liebe in der Hochzeitsnacht zerstört wird. Wenn es nur so lange dauerte! Ich kenne einige Mädchen, die einem Mann nachgaben, und er verließ sie dann, ohne sie zu heiraten. Wenn er bei einem bleibt und einen solange liebt, ist man wenigstens eine verheiratete Frau.«
61. Eine junge Frau: »Ich las neulich einen Ratgeber für Eheleute. Diese Bücher werden meistens von Männern geschrieben, und ich war erstaunt, was für eine große Rolle die Autoren der sexuellen Anpassung der Frau zuschreiben. Sie sagen nicht, daß sich auch der Mann sexuell der Frau anpassen muß. Während ich diesen Eheratgeber las, fiel mir ein komischer Vergleich ein, und ich weiß auch, wie. Mein Mann und ich waren am Abend zuvor in einem Sinfoniekonzert gewesen. Ich beobachtete den Konzertmeister der Philharmoniker. Er sah müde aus, und ich dachte: ›Was wird aus ihm, wenn er alt wird oder nicht mehr so gut Geige spielen kann? Man wird ihn natürlich unter die zweiten Geiger stecken, und ein anderer Mann wird seinen Platz einnehmen.‹ Finden Sie nicht, daß auch Ehemänner unter die zweiten Geiger gesteckt und durch jüngere Männer ersetzt werden sollten?«

62. Eine Frau in den Vierzigern: »Sie wissen, daß ich Psychologie studierte und beinahe den Magister gemacht hätte, aber dann lernte ich meinen Mann kennen, und wir heirateten. Es ist schon nicht mehr komisch, aber ich habe immer wieder beobachtet, daß eine Frau ihren Ehrgeiz verliert, sobald sie heiratet.«
63. Ein Beispiel für die Sensibilität der Frauen. Eine junge Frau, die zur Konsultation kam, zögerte zu sprechen. Ich fragte sie, warum sie nicht bereit sei, sich mir anzuvertrauen. Sie sagte: »Als Sie die Tür zum Wartezimmer aufmachten und mich aufforderten einzutreten, haben Sie mir nicht zugelächelt.«
64. Eine College-Studentin über einen Studenten: »Ich dachte an diesen jungen Mann, als ich einen Zeitungsartikel über den Kongreß las. Es hieß darin, daß der Kongreß in diesem Jahr viel redet und wenig tut. Sehen Sie, dieser junge Mann, der so viele Wochen mit mir ausgegangen ist und die ganze Zeit über Sex redet, hat mich nur ein paarmal geküßt, und einmal hat er schüchtern meine Brust berührt.«
65. Frauen fluchen in psychoanalytischen Sitzungen im allgemeinen nicht; und sie gebrauchen keine unanständigen Wörter. Hier ist eine Ausnahme. Die Patientin hatte länger als üblich geschwiegen und sagte dann ganz ruhig: »Verdammt, ich weiß nicht, warum ich hier bin. Lecken Sie mich doch am Arsch.«
66. Eine verheiratete Frau: »Nachdem Henry heute morgen ins Büro gegangen war, dachte ich darüber nach, was ich ihm heute abend zum Essen machen soll. Ich kam auf Erbsensuppe, panierte Kalbsschnitzel mit Spinat und Salat und dann Sex. Ich versichere Ihnen, ich sah darin eine Nachspeise wie ein Stück Kuchen oder eine Schale Kompott. Ich stelle mir vor, es war so, als wäre ich eine Mutter und bereitete ein Gericht zu, das ein kleiner Junge besonders gern mag.«
Dieselbe Frau bei einer anderen Gelegenheit: »Männer nehmen Sex zu ernst – und manchmal nicht ernst genug.«
67. Eine reife Frau erzählt von ihrer ersten Liebe in der Oberschule: »Als ich ihm das nächstemal begegnete, hatte ich ein grobes Kattunkleid an und sah weg. Ich hoffte, er werde mich nicht sehen. Wenn ich wenigstens mein Ausgehkleid getragen hätte... Dann hatten wir unsere erste Verabredung. Ich war so aufgeregt, daß ich zu früh hinkam, und ich fragte mich, was er davon halten würde. Ich ging also in eine nahe Buchhandlung und sah mir die neuen Paperbacks an, ohne die Straße aus den Augen zu lassen. Er kam bald

darauf. Ich ließ ihn ein paar Minuten warten und verließ den Laden.

Dann nahm ich meine Puderdose heraus, und während ich mich puderte, beobachtete ich ihn.«

*68.* Eine College-Studentin: »Ich tat mein Bestes, um ihn in mich verliebt zu machen, und strengte mich dabei so an, daß ich mich selbst in ihn verliebte.

Ein Mädchen, das zu einem Mann sagt: ›Ich sehe heute fürchterlich aus‹, möchte von ihm hören, daß es sehr hübsch aussieht.«

*69.* Eine Frau über ihr Eheleben: »Ich tat mein Bestes, damit unsere Ehe gutging, aber mit jeder Bewegung steckten wir tiefer in hoffnungslosem Schlamm.«

*70.* Eine verheiratete Frau, die ihren Mann der Untreue verdächtigt: »Keine Frau in Amerika weiß, was ein Mann mit seiner ganzen Zeit anfängt – auch wenn er behauptet, er habe keine freie Minute.«

*71.* Eine Witwe: »Es ist trotz der Heizung schrecklich kalt in meiner Wohnung. Der einzige Ort, wo mir warm ist, ist das Bett – und auch dort ist es kühl, wenn ich allein darin liege.«

»Eine Freundin gab mir die Adresse eines ausgezeichneten Friseurs. Ich ging hin, und als ich mich nachher betrachtete, fragte ich mich: ›Wird er mich heiraten, wenn ich diese neue Frisur habe?‹«

»Verliebt sein, das kann für eine Frau eine Vollbeschäftigung sein wie der Beruf für einen Mann.«

»Sie wissen, daß eine Frau mit dem ersten Blick, den sie auf eine andere wirft, feststellen will, ob sie einen Ehering trägt. Es ist sinnlos, deshalb auf den Finger eines Mannes zu sehen. Entweder ist er verheiratet und trägt keinen Ring, oder wenn er einen trägt, ist seine Frau dabei, und man braucht gar nicht erst hinzusehen.«

*72.* Eine ledige Frau: »Jeder Junggeselle, der in Frage kommt und nicht heiraten will, erweckt in mir den Jagdinstinkt... Der Mann ist das einzige Tier, das sich gern jagen läßt...«

Dieselbe Frau über einen bestimmten jungen Mann: »Er sagte nichts davon, daß er mich liebte oder sich auch nur zu mir hingezogen fühlte, aber er ging sehr oft mit mir aus. Ich wartete und wartete vergeblich. Es ist sehr anstrengend für eine Frau, so geduldig zu sein.«

»Ich bringe ihn einfach nicht ins Bett. Ich weiß, das ist eine seltsame Klage für ein Mädchen. Nur sehr wenige Frauen haben damit Probleme. Wenn sie es sich einmal vorgenommen haben, schaffen sie es auch. Ich frage mich: ›Warum versage ich?‹ Er ist kein Eunuch. Er ist nicht verheiratet. Er scheint keine Geliebte zu haben. Was macht er mit seiner Sexualität? Es ist schrecklich zu denken, daß er homosexuell sein oder sich selbst befriedigen könnte.«

*73.* Eine reife Frau: »Männer bemerken oft die Umgebung nicht, wenn sie zum erstenmal ein Zimmer betreten. Frauen immer.«

»Frauen derselben Altersgruppe sind immer Konkurrentinnen. Sie betrachten einander voll Neid oder Verachtung und manchmal einer Mischung aus beidem. Und sie wissen es auch. All die Schmeicheleien wie meine Gute, meine Beste, liebste Freundin und so weiter können uns nicht über die fundamentale Feindseligkeit hinwegtäuschen, die wir gegeneinander empfinden.«

»Wenn man einem Mann, der von seinen eigenen Interessen spricht, intelligent zuhört und ab und zu eine passende Frage stellt, wird für ihn die Versuchung anzugeben sehr groß.«

*74.* Eine Frau, die eine außereheliche Beziehung hat, sagt über ihren Mann: »Ich fühle mich ihm gegenüber manchmal schuldig, und ich nehme ihm dieses Gefühl, das er in mir weckt, übel. Ich bin dann schlechter Laune und fange an, an ihm herumzunörgeln.«

*75.* Eine verheiratete Frau über ihren Liebhaber: »Auf dieser Party sagte ich etwas, was nur für ihn bestimmt war, aber ich sagte es vor allen Leuten und genoß die Tatsache, daß keiner von ihnen auch nur die leiseste Ahnung hatte, was es für uns beide bedeutete.«

»Ich sah ihn an und sagte: ›Woran denkst du?‹ Und ich hatte den Verdacht, daß er an seine Frau dachte. Da beschloß ich, an diesem Tag nicht mit ihm zu schlafen.«

*76.* Eine junge Frau: »Ich weiß, wenn ich mich scheußlich fühle, sehe ich für meinen Mann scheußlich aus, und dann kann ich es nicht ertragen, wenn er mich küßt. Es ist, als liebte er mich nicht, sondern als hätte er nur Mitleid mit mir.«

*77.* Eine Frau über ihre achtzehnjährige Nichte: »Wissen Sie, was sie letzte Woche sagte? ›Alle Männer sind selbstsüchtig, rücksichtslos und brutal, und ich wollte, ich fände einen.‹«

*78.* Eine Frau, die zu spät zur Sitzung kommt, erklärt atemlos den Grund für ihre Verspätung: »Was passiert ist? Ich zog die Tür meiner Wohnung hinter mir zu und wußte nicht, daß ich den Schlüssel und mein Geld drinnen gelassen hatte. Ich mußte mir vom Fahrstuhlführer zwei Dollar borgen, um mit einem Taxi herkommen zu können... Vielleicht wollte ich heute nicht kommen.«

*79.* Eine junge Frau: »Ich verstehe die Gefühle der Männer nicht. Mein Mann hat mich. Wozu braucht er andere Frauen? Was haben sie, was ich nicht habe?«

*80.* Eine ältere Frau rät einem Mädchen: »Solange du verlobt bist, mußt du immer auf das horchen, was der Mann sagt. Sobald du verheiratet bist, genügt es, wenn du so tust, als ob du zuhörtest.«

*81.* Eine College-Studentin: »Manchmal denke ich, alle Männer sind sexbesessen oder sexhungrig. Das einzige, woran sie denken, wenn sie mit einer Frau zusammen sind, ist, mit ihr zu schlafen.«

*82.* Eine Frau über einen Mann, mit dem sie mehrere Male ausgegangen ist: »Zuerst langweilte er mich, aber später wurde er ganz interessant, und manches, was er sagte, war einfach faszinierend. Nach dem letzten Zusammensein mit ihm fiel mir ein, daß ich ganz ähnlich auf gewisse Musikstücke reagiert hatte, als ich ein junges Mädchen war. Als ich zum erstenmal Bach hörte, fand ich, daß mich seine Musik langweilte, aber ich hörte dasselbe Stück später auf einer Platte und fand es schön. Manche Dinge erkennt man erst beim zweiten oder dritten Hören.«

*83.* Eine Frau mittleren Alters über ihren Ehemann: »Er hat keine Freunde, und er weist jedes Angebot menschlicher Güte ab. Er macht sonderbare Bemerkungen und läßt an niemandem ein gutes Haar. Ich weiß natürlich, daß er zutiefst unsicher ist und viel Ermutigung braucht... Das Bedürfnis, geliebt zu werden, wird vielleicht gerade von den Menschen tiefer empfunden, die vorgeben, sich den Teufel um andere Leute zu scheren.«

*84.* Eine Frau über ihren Mann: »Ich weiß, er ist ein armer Tropf, aber er gehört mir.«
Über einen anderen Mann: »Ich rief an, und sie schickten mir jemanden, der mir half, die neue Wohnung einzurichten. Er war natürlich Innenarchitekt, und ich sah in ihm nie einen Mann.«

*85.* »Wenn ich dieser Art von starkem, schweigsamem Mann begegne, verspüre ich den Drang, ihn zu besänftigen und soweit kleinzukriegen, daß ich spüre, wie sehr er sich zu mir hingezogen fühlt.«

*86.* Über ein Ehepaar: »Sie haben außer Sex nichts mehr gemeinsam.«

*87.* Ein Flüchtling aus Österreich: »In Wien gab es eine Dame, deren Bonmots in der ganzen Stadt verbreitet wurden. Einmal sagte sie über einen bestimmten Mann: ›Mit ihm schlafen, ja – aber keine Intimitäten.‹«

»Man möchte meinen, daß die Absichten einer Frau, die einem Mann Avancen macht, offensichtlich sind. Dem ist aber nicht so. Manchmal neckt sie ihn nur, und manchmal probiert sie nur, wieviel Macht sie über ihn hat. Ja manchmal will sie ihn sogar im kritischen Augenblick frustrieren. Der Geschlechtsakt kann seitens der Frau ein feindseliger Akt sein.«

»Wir lügen manchmal, weil wir verlegen sind, und wir lügen, um andere nicht in Verlegenheit zu bringen. Man lügt, um etwas zu verbergen, und man lügt, um über andere etwas herauszubekommen.«

*88.* Eine Frau zu ihrer Freundin: »Er fragte mich, mit wem ich geschlafen habe, während er auf dieser Geschäftsreise war, und ich sagte: ›Das mußt gerade du mich fragen!‹ Weißt du, daß er leidenschaftlich eifersüchtig ist? Er will nicht, daß ich mit einem anderen Mann oder auch nur mit einer Freundin ausgehe.«

*89.* Klage einer jungen Frau: »Ich frage mich manchmal: habe ich denn einem Mann nicht anderes zu bieten als diesen Körper? Ich kann in jeder Hinsicht für ihn sorgen, als Köchin und Sekretärin, als Haushälterin und Finanzberaterin, als Dame des Hauses ebenso wie als Dienstmädchen. Ja, ich kann auf so viele Arten für ihn sorgen, nicht nur für seine sexuellen Bedürfnisse.«

*90.* Ich möchte diesen Abschnitt wie den vorausgegangenen mit einer Erinnerung an Frau Freud beschließen. Ich entsinne mich, daß Freud und ich die Treppe von seiner Praxis in der Berggasse hinuntergingen, als es plötzlich heftig zu regnen begann. Frau Freud lief hinter ihrem Mann her und rief: »Deine Gummischuhe!«

# IV
# Männer

## 1. Männer über Frauen

*1.* Alle Konventionen der westlichen Zivilisation hindern die Männer daran, offen über ihre Frauen und Geliebten zu sprechen. Erst unter dem Einfluß von Alkohol vertrauen sie sich manchmal dem Barmixer an. Sonst gibt es nur einen Ort, an dem ein Mann frei und ungehemmt über dieses Thema spricht: das Sprechzimmer des Psychoanalytikers. Der Analytiker, der Männern und Frauen stundenlang zuhört, erkennt mehrere unterscheidende Merkmale in bezug auf den Inhalt der Darstellungen und die Ausdrucksweisen. Männer sind, was die Sprache anbetrifft, nicht wählerisch und gebrauchen oft vulgäre Ausdrücke. Der Leser der folgenden Seiten könnte daher manchmal schockiert sein. Außer wenn sie jung sind, sprechen Männer weniger von Liebe als Frauen und dafür viel mehr von Sex. Die Ehe, die für die durchschnittliche Frau ein Hafen ist, in dem sie Schutz findet, hat für die meisten Männer eine andere Bedeutung. Ihre Beziehungen zu Frauen werden in den meisten Fällen von Schwankungen der männlichen Sexualität beherrscht. Daher spielt der Geschlechtsverkehr in ihrem Leben eine andere Rolle als im Leben der Frauen. Das gilt von den späten Teenager-Jahren an, in denen der Geschlechtsverkehr im Fond eines Autos zu den Einweihungsriten des Mannesalters gehört, bis ins hohe Alter, in dem die körperliche Begierde seltener wird und das Stadium der sexuellen Betätigung nicht mehr erreichen kann.

Es wäre angebracht, dieses Kapitel gleich mit der Wiedergabe von Äußerungen verschiedener Männer über die Ehe und ihre Schwierigkeiten mit ihren Frauen zu beginnen, aber bevor wir dieses Gebiet betreten, möchte ich hier, gleichsam zur Auflockerung, einige Verse einfügen, die mir ihr Verfasser gegeben hat und die einen scherzhaften Angriff auf die Psychoanalyse darstellen.

Es gibt keine Regel ohne Ausnahme. Die Regel, an die ich mich in diesem Buch halte, ist die, daß alle zitierten Personen anonym bleiben. Die folgenden, aus einer reichen Sammlung ausgewählten Knittelverse sind die Ausnahme. Alan Abrons erlaubte mir ausdrücklich, ihn als Verfasser zu nennen:

Wird einer taub und stumm geboren,
Ist zum Psychiater er erkoren.
Da kann er zuhör'n und tiefsinnig blicken
Und braucht nur dann und wann zu nicken.

Die Bezahlung ist gut, die Frau'n sind charmant,
So stumm zu sein, wirkt sehr interessant.
Und keiner merkt es nimmer nicht,
Daß es an Stimme und Hirn gebricht.

Penisneid kann die Fraun verbittern,
Während die Männer um ihr Kostbarstes zittern.
Ein wahrlich leidiger Verdruß,
Sagt Sigmund Freud, der es wissen muß.

Ich allerdings kann nicht glauben, daß Venus
Sehr verstimmt war so ohne Penus.
Es dürften die zahllosen Opfergaben
Sie für den Mangel entschädigt haben.

Auch glaub' ich nicht, daß die Männer finden,
Ihre Genitalien könnten entschwinden.
Sie denken wohl eher, daß ihnen
Der Penis so lang wie die Nase wird dienen.

Zigaretten und Schnaps sind dem Teufel grad recht.
Fröne ich ihnen, so wird mir nur schlecht.
Sex kostet Geld und Essen macht fett.
Ich sag' ihr ab und geh allein ins Bett.

Zurück zum Thema: Die Beziehung von Mann zu Mann ist eine andere als die der Frauen zu Männern. Die folgenden Aussprüche werden zeigen, daß Kritik direkt ausgedrückt wird und nicht das süße schleichende Gift enthält, mit dem die Bemerkungen von Frauen über Frauen getränkt sind. Auch die verbalen Angriffe männlicher Patienten auf ihre Psychoanalytiker sind auf diese charakteristische Weise offen und direkt.

*2.* Ein Mann in mittleren Jahren: »Es ist nicht wahr, daß Frauen nicht an Ideen interessiert sind. Sie sind nicht an abstrakten Ideen interessiert, aber sie personalisieren sie oft oder bringen sie mit bestimmten Männern, an die sie denken, in Verbindung.«
*3.* Ein junger Mann zu seiner Freundin: »Wir treffen uns also um zehn nach acht vor dem Theater. Vielleicht gelingt es dir, nicht später zu kommen, als es für eine Frau nötig ist, die sich anziehen und schminken muß.«
*4.* Ein junger Patient: »Ich hatte ein seltsames Erlebnis in dem Bus, mit dem ich gestern hierher kam. Eine Frau wollte aussteigen, als wir schon an der Haltestelle vorbei waren. Der Fahrer sah sie an, als sie sich darüber beklagte, daß er nicht hielt, und sagte: ›Bereitsein ist alles, Lady!‹«
»Heute sah ich mir, wie üblich, die Beine von Frauen an, die mir gegenüber saßen. Die Beine einer Frau waren so dick, daß sie mich an die eines Elefanten erinnerten, und an der nächsten Haltestelle stieg eine ältere Frau ein und setzte sich. Ihre Beine waren so dünn wie eine Latte. Was für ein Unterschied ein paar Pfund mehr oder weniger für den Eindruck einer Frau auf einen Mann ausmachen.«
*5.* Ein junger Mann: »Die Liebe ist ihrer Natur nach sozial, aber Sex ist unpersönlich. Das heißt, daß es nicht so etwas wie einen sozialen Geschlechtsakt gibt. Was wir beim Geschlechtsverkehr vollziehen, ist eine Verschmelzung für die Dauer einiger Minuten, und nachdem diese erreicht wurde, ist jeder wieder isoliert. Ich streite nicht ab, daß der Geschlechtsverkehr aus zwei Menschen einen zu machen versucht, aber das Ergebnis ist eine fehlgeschlagene Mission.«
*6.* Ein Mann in den Dreißigern: »Beim Geschlechtsverkehr komme ich immer zu früh, ich habe zu rasch einen Erguß, was mich ebenso wie sie unbefriedigt läßt. Ich bin sozusagen ein unglücklicher Schießwütiger.«
Derselbe Mann über seine Teenagerjahre: »Ich war damals Mädchen gegenüber sehr schüchtern. Ich sah in ihnen etwas, was aus Zucker und Zimt gemacht ist. Erst später begriff ich, daß auch Mädchen Wesen aus Fleisch und Blut sind. Auf das Blut kam ich, weil ich die Monatsbinden meiner älteren Schwester sah.«
*7.* Ein Patient: »Ich fuhr gerade in einem Bus, der an dem Haus vorbeikam, in dem ich vor fünf Jahren wohnte. Ich erinnerte mich an die wunderbare Zeit, als Jane zweimal die Woche – oder sooft sie eben von ihrem Mann und ihrem Kind wegkam – bei mir war.

Manchmal lagen wir den ganzen Nachmittag im Bett. Aber wenn ich ihr wieder begegnete, wäre es nicht mehr dasselbe. Ich habe mich geändert, und sie ist sicherlich auch nicht mehr dieselbe. Wer weiß, wie viele Liebhaber sie inzwischen gehabt hat. Nein, es wäre nicht mehr dasselbe. Die Erinnerungen, die ich mir bewahrt habe, sind gewiß schöner, als es die Wirklichkeit war.«

*8.* Ein verheirateter Mann erzählt vom Besuch eines Freundes am vorausgegangenen Abend: »Als wir allein waren, schlug Ben vor, wir sollten später noch in ein Bordell gehen. Er sagte, er kenne dort einige schöne Mädchen. Dann kam meine Frau herein, und als sie mich meinen Mantel nehmen sah, fragte sie mich, wohin ich ging. Ich sagte, Ben und ich müßten noch zu einer geschäftlichen Besprechung, und sie fragte, ob sie mitkommen könne. Haben Sie so etwas schon einmal gehört? Die eigene Frau ins Bordell mitnehmen? Das wäre, wie schlechtes Öl nach Texas bringen.«

*9.* Ein junger Mann: »Ich wurde zuerst zu einer Psychoanalytikerin geschickt und hatte eine Besprechung mit ihr. Sie war recht hübsch und schien nett zu sein. Ich sagte mir: ›Mit ihr ins Bett, ja. Aber auf die Couch – nein!‹«

»Während des Sommers gab es einen regen Austausch von Männern und Frauen unter den jungen Ehepaaren in diesem Ferienort. Ich glaube, solche Partnerwechsel sind selten erfolgreich. Wie sagen die Franzosen? *Plus que ça change, plus c'est la même chose.* (Je mehr es wechselt, desto mehr ist es dasselbe.)«

*10.* Ein junger Mann über ein Mädchen: »Wir gingen ins Bett. Ich war erstaunt, wie erfahren dieses Mädchen war. Zuerst Fingerübungen, bevor sie mit der richtigen Arbeit anfing.«

*11.* Ein alter Mann während einer Konsultation: »Sofern wir überhaupt sexuelle Begierde verspüren, ziehen wir alten Männer es vor, daß die Frauen sexuell aktiv sind und die Initiative ergreifen. Aber wir erinnern uns noch, daß wir einmal jung waren, und würden uns lieber wie junge Männer verhalten.«

»Auf dieser Welt ist alles relativ, auch in bezug auf die Bedeutung, die verschiedene Menschen manchen Problemen beimessen. Neulich hörte ich ein Gespräch mehrerer Frauen über eine Party, zu der sie eingeladen waren, und, wissen Sie, einen Augenblick hatte ich den Eindruck, daß es ein weibliches Gegenstück zu den vielen politischen und soziologischen Problemen der Welt gibt, nämlich die Frage ›was soll ich anziehen?‹«

»Sie setzte sich mir gegenüber so hin, daß ein beträchtlicher Teil ihrer Unterwäsche zu sehen war. Ich wußte nicht: war sie gleichgültig oder kokett?«

*12.* Ein Mann über eine Schauspielerin: »Sie war, denke ich, über vierzig, und sie sagte mir, kein Mann habe sie berührt, bis sie einundzwanzig war. Ich wette, sie könnte im Handumdrehen wieder Jungfrau werden.«

*13.* »Wir gingen in ihre Wohnung, und sie sagte: ›Warten wir nicht auf den Lift, es sind nur drei Stockwerke.‹ Sie ging ganz langsam vor mir die Treppe hinauf. Sie ist natürlich sehr stolz auf ihre Beine.«

Über ein Mädchen, das nicht bereit war, ihm nachzugeben: »Ich tat, was ich konnte, um sie ins Bett zu bringen – vergebens. Glauben Sie mir, sie ist schön. Mein Freund John sagt, ich beurteile ein Buch immer nach seinem Umschlag. Jetzt frage ich Sie: Wonach soll man denn sonst ein Buch beurteilen, in dem man nicht blättern darf?«

*14.* Ein Ehemann: »Wissen Sie, meine Frau hat mir in sexueller Hinsicht *carte blanche* gegeben. Ich kann mit jeder Frau gehen, die ich will, und wann immer ich will. Was kann sich ein Ehemann, der ein Schürzenjäger ist, besseres wünschen? Aber es ist merkwürdig. Ich möchte lieber, es wäre so wie vorher, denn ich brauche dieses Schuldgefühl, diese besondere Heimlichkeit und das Verbotene der sexuellen Beziehungen.«

»Ich weiß nicht, warum ich heute den *Hamlet* aufgeschlagen habe. Der Prinz stellt Ophelia die Frage: ›Seid Ihr tugendhaft?‹ Wie kann man ein Mädchen so etwas fragen? Woher soll sie es wissen? Keine Frau weiß es.«

»Ich sah gerade eine junge Frau mit einer hohen Frisur à la Brigitte Bardot. Die Frau war ziemlich klein, und es sah lächerlich aus. Frauen sind so albern, daß sogar Zwerginnen die neueste Mode der hohen Frisuren übernehmen würden.«

*15.* Ein junger Mann über ein Mädchen, das Psychologie studiert und sich besonders für die Psychoanalyse interessiert: »Bis vor kurzem waren unsere Beziehungen sehr gut – unberufen! Aber sie hat schon angefangen, meine unbewußten Motive und dergleichen zu analysieren. Ich finde, noch ein bißchen mehr Gelehrsamkeit wäre gefährlich.«

Derselbe Mann über dasselbe Mädchen bei einer früheren Gelegenheit: »Wissen Sie, was in ihrem Fall die wichtigste Vorausbedingung für die Liebe ist? Der Telefonhörer muß abgehoben, das Licht muß ausgedreht, die Vorhänge müssen sorgfältig zugezogen und die Tür muß gut verriegelt werden.«

»Sie wurde schwanger. Es war eine Unfallserie. Sie kam an dem Abend zu mir, nachdem sie mit ihrem Verlobten gebrochen und ihren Job verloren hatte. Sie war bei mir besonders leidenschaftlich, weil sie sich tags zuvor mit ihren Eltern gestritten hatte, und sie wollte mich so bald wie möglich heiraten.«

»Ein paar Tage später führte ich eine andere zum Abendessen aus und brachte sie nach Hause. Ich kannte sie seit einigen Wochen, und in dem dunklen Eingang ihres Hauses küßte ich sie und drückte ihren Körper fest an mich. Sie stieß mich zurück und sagte: ›Ich glaube, du willst mich vergewaltigen!‹ Ich antwortete: ›Ich gebe zu, daß das wunderbar wäre.‹«

*16.* Ein junger Mann: »Sie kam herein, setzte sich auf einen Stuhl und zog ihren Rock über die Knie hinunter. Das war ganz unnötig, denn sie reizte mich nicht im geringsten.«

»Als sie sich umdrehte, war ein kleines Stück von ihren Schenkeln zu sehen. Sie fing meinen Blick auf und wurde so verlegen, als hätte ich sie beim Stehlen oder Nasenbohren ertappt...«

*17.* Ein alter Mann: »Als zum erstenmal eine junge Frau im Bus aufstand und mir ihren Platz anbot, war ich alles andere als dankbar. Im Gegenteil, ich war wütend auf sie und hätte sie am liebsten geohrfeigt. Ich glaube, damals wurde mir endgültig klar, daß man mich wirklich als alten Mann betrachtete.«

*18.* Ein junger Mann: »Nachdem mich dieses Mädchen abgewiesen hatte, ging ich durch die 42nd Street. Sehr bald dachte ich nicht mehr an sie, aber ich wollte eine Frau haben, irgendeine Frau, Sie verstehen.«

*19.* Ein anderer junger Mann: »Ich erinnere mich, irgendwo die Frage gelesen zu haben: ›Gibt es so etwas wie eine Frau, die allein ist?‹ Das erscheint mir sinnvoll, denn Frauen betrachten sich immer mit den Augen einer anderen oder vieler anderer... Vor einigen Monaten hatte ich eine seltsame Erscheinung – ich glaube, ihr Psychologen nennt solche Bilder hypnagogisch, weil sie vor dem Einschlafen auftauchen. In der Ecke meines Arbeitszimmers stand ein Globus aus Plastik. Im Dämmerlicht sah ich nun, daß der Globus Augen und einen Mund hatte, der mit Lippenstift beschmiert war...«

Derselbe Mann: »Die Kunstexperten sprechen oft von der Schönheit der Bewegungen. Erst unlängst las ich eine begeisterte Beschreibung

der antiken Statue des Diskobolos, dieses griechischen Jünglings, der einen Diskus wirft. Ich sehe da keine Schönheit. Wissen Sie, was für mich die schönste Bewegung der Welt ist? Wenn sich eine Frau für mich hinlegt und ihren Rock zurückschiebt – besonders, wenn sie nichts darunter anhat.«
»Manchmal denke ich an meine Erlebnisse mit Frauen, bevor ich morgens aufstehe. Ich sehe sie in Bildern und erkenne, daß jede Frau bei der Liebe ihre besonderen Züge hat. Jede von ihnen hat sozusagen ihre *spécialité de la maison*.«
»Ich stand gerade vor einem Kleidergeschäft und hörte zwei Frauen über ein bestimmtes Kostüm im Schaufenster sprechen. Sie gingen auf jedes kleinste Detail ein. Ich habe noch nie Männer so über Anzüge reden hören.«
»Ernest betrachtet die Verführung verheirateter Frauen nicht nur als ein Vergnügen, sondern beinahe als seine Pflicht.«
*20.* Ein Junggeselle: »Ich mag dieses kleine Geräusch, wenn ich einen Hüftgürtel wegziehe.«
»Das Mädchen hat keinen Spaß am Geschlechtsverkehr. Sie tut nur so – und sie tut sehr wenig.«
Über ein anderes Mädchen: »Während der Liebe ist sie völlig ungehemmt, aber nachher, wenn sie sich anzieht und mich im Nebenzimmer zu warten bittet, ist sie verlegen.«
»Sie machte mir Vorwürfe und sagte, ich liebte sie so mechanisch, als wäre ihr Körper eine Maschine. Sie sagt, daß sie das nicht leiden kann. Doch später gestand sie mir, daß sie mich – aber nur selten – auf die gleiche Weise gebraucht.«
Über eine andere Frau: »Sie sagt, sie ist eine leidenschaftliche Legitimistin und will keine Affären haben, sondern verheiratet sein.«
*21.* Ein junger Mann mit Potenzstörungen: »Ich konnte beim Geschlechtsverkehr nicht länger warten und ließ es gehen. Ich hatte einen Erguß. Die Kugel hatte den Lauf verlassen, und ich wußte nicht, ob es ein Treffer oder eine Niete war.«
*22.* Ein anderer Patient: »Ich bin ruhelos und voll sexueller Begierde. Ich bin neugierig, wer sich heute abend meiner annehmen wird, Jane oder Anne.«
»Wir liebten uns, aber natürlich ohne daß ich für sie Liebe fühlte. Ich funktionierte nur sexuell. Es ist vielleicht nötig, der Frau etwas vorzumachen und so zu tun, als liebte man sie, aber warum soll ich mir selbst etwas vormachen?«

*23.* Ein Mann über eine Frau, die er tags zuvor auf einer Party gesehen hatte: »Wo andere Frauen Kurven haben, hat sie Formen, die nur ein ganz moderner Architekt beschreiben könnte.«
»Sie sagt immer, sie möchte nicht körperlich involviert werden. Herrgott, was für ein Ausdruck!«
»Sie hat große Angst davor, schwanger zu werden, und besteht darauf, daß ich mich vor dem Erguß zurückziehe. Das geht nun seit mehreren Wochen so. Ich finde diese Art von Geschlechtsverkehr grausam und nenne sie Unmenschlichkeit der Frau gegenüber dem Mann. Ich fange an, sie zu hassen.«
»Roger ist nicht nur bei seiner Frau impotent – das wäre ich an seiner Stelle auch –, sondern auch bei anderen Frauen.«
*24.* Ein Mann in den späten Sechzigern: »Wenn man alt wird, bleiben nur die Erinnerungen an Sex. Es ist, wie wenn man ein Restaurant betritt, wo andere gewisse Gerichte, die man mag, mit großem Appetit essen, während man selbst eine strenge Diät einhalten muß und sie nicht essen darf; aber man erinnert sich, wie gut sie einmal schmeckten.«
*25.* Ein junger Mann über seine Freundin: »Sie bleibt meistens an der Oberfläche, wenn wir diskutieren, aber manchmal hat sie ihre Mucken, und dann hämmert sie einem ihren weiblichen Standpunkt unaufhörlich und hartnäckig ein. Es macht einen fertig.«
*26.* Ein junger Mann: »Ich fühlte mich nach dem Geschlechtsverkehr angenehm geschwächt, und als ich sie verlassen hatte und in einem Taxi nach Hause fuhr, sang ich: ›*Oh, what a beautiful morning*...‹«
*27.* Ein Psychologe: »Ich glaube manchmal, daß das Kreischen und laute Kichern der Mädchen nur Mittel sind, die Aufmerksamkeit auf sich zu lenken.«
*28.* Ein Mann in mittleren Jahren: »Ich erinnere mich noch an eine Zeit, in der ich als Teenager ins Kino ging und Filme sah, in denen eine Frau von einem hartnäckigen und brutalen ›Verehrer‹ verfolgt wurde und im letzten kritischen Augenblick gerade noch ihre Jungfräulichkeit rettete. Ein solcher Film würde mir heute nicht nur unrealistisch, sondern auch lächerlich vorkommen. Eher könnte man sich das Gegenteil vorstellen – daß eine entschlossene Frau verzweifelt versucht, ihre Jungfräulichkeit loszuwerden, und daß der junge Mann im letzten Augenblick noch davonrennt, weil er fürchtet, hereingelegt zu werden und heiraten zu müssen.«

*29.* Ein junger Mann: »›Verschwinde‹, schrie sie, ›und komm nie wieder zurück! Ich möchte dich in meinem ganzen Leben nicht mehr sehen!‹ Früh am nächsten Morgen läutete sie an meiner Wohnungstür.«

*30.* Ein anderer junger Mann: »...und da sah ich eine Mumie im Bett liegen. Ich versichere Ihnen, ich dachte zuerst an eine ägyptische Mumie und nicht an eine junge Amerikanerin mit einer Schlammpackung auf dem Gesicht.«

»Ich muß sie natürlich mit ihrem Mann teilen, und ich bin nicht wirklich eifersüchtig. Aber ich habe den Verdacht, daß sie unter dem Zwang steht zu zählen, nämlich mindestens zu zählen und zu vergleichen, wie oft sie mit ihm und mit mir Geschlechtsverkehr hat.«

»Es ist nicht schwer, ein Mädchen zu verführen. Was so schwer ist, ist, endgültig mit ihr Schluß zu machen. Wissen Sie, neulich dachte ich, die Situation ist so ähnlich wie bei einem Einbrecher, der leicht in ein Haus hineinkommt, aber dann den Weg hinaus nicht mehr finden kann.«

»Sie ist sexuell aktiv. Sie kann auch sehr überzeugend sein. Sie sagt, zum Beispiel: ›Er ist gar nicht klein. Er wächst. Sieh mal, wie groß er wird. Er wird noch ein Riese werden, ein Goliath.‹«

»Ich weiß nie, was das heißen soll, wenn eine Frau sagt: ›Ich bin nicht so eine.‹ Gibt es denn verschiedene Arten von Frauen?«

»Dieses Mädchen fragte mich, ob ich mich auch für ihren Geist interessiere. Ich war versucht zu antworten: Mehr für deinen Hintern. [Eine Reimassoziation: Geist = *mind*; Hintern = *behind*. Anm. des Übers.]

»Es ist jetzt drei Monate her, seitdem wir zusammen waren. Ich habe Sehnsucht nach ihr in meinem Herzen und noch mehr in meinem Körper.«

*31.* Ein Katholik: »Die Kirche lehrt uns zu beten: ›Und führe uns nicht in Versuchung‹, aber ich beklage mich darüber, daß es in meinem Leben so wenig Gelegenheiten gibt, bei denen ich in Versuchung geführt werde.«

*32.* Ein Anwalt in mittleren Jahren: »Frauen sind seltsame Geschöpfe. Ich verstehe sie noch immer nicht. Ich bin jetzt seit neun Jahren geschieden. Meine ehemalige Frau hat wieder geheiratet, liebt ihren Mann und hat ein Kind mit ihm. Aber würden Sie das für möglich halten? Sie ist immer noch eifersüchtig auf meine neue Geliebte. Sie kennt sie nicht einmal, aber sie redet nur schlecht von ihr.«

»Ich hatte eine Szene mit ihr. Sie schrie und führte sich sehr melodramatisch auf. Ich sagte zu ihr: ›Laß den Vorhang runter!‹ Sie war sehr erstaunt und sagte: ›Ich wußte gar nicht, daß ein Vorhang hochgezogen ist.‹«

»Wir hatten einen fürchterlichen Streit. Zuletzt sagte sie: ›Fick dich selber.‹ [Eine derbe englische Variante des Götz-Zitats. Anm. des Übers.] Ich fragte sie, wie man das macht. Vielleicht könnte sie es mir zeigen – oder noch besser, sagte ich, tun wir's doch zusammen.«

*33.* Ein Junggeselle: »Sie denkt, ich werde sie heiraten, weil ich ein paarmal mit ihr geschlafen habe. Warum sollte ich ausgerechnet sie heiraten? Mehr als die Hälfte der Erdbevölkerung besteht aus Frauen.«

»Ich glaube, es gibt im Leben jedes Mannes ein sexuelles Erlebnis, das er zu wiederholen trachtet, oft vergeblich.«

*34.* Ein junger Mann: »Ich halte nicht viel von den Turnübungen der Frauen, wie sie in den Zeitschriften angepriesen werden. Regelmäßige Bettgymnastik genügt. Sie wissen schon, Becken in die Höhe, Beine weit auseinander und hoch in die Luft.«

»Frauen glauben immer, ein Verhältnis müsse zur Ehe führen oder nach einer gewissen Zeit abgebrochen werden, wenn sich ihre Hoffnung auf eine Ehe nicht erfüllt.«

»Eine Scheidung ist viel leichter als die Beendigung eines Verhältnisses mit einer Frau. Manche Frauen werden sehr ekelhaft zu einem Mann. Eine ging so weit, mir zu drohen, mich beim Finanzamt anzuzeigen.«

»Das Mädchen ist ganz ungewöhnlich. Wenn ein Streit beginnt, gebraucht sie eine Waffe, die bei Frauen selten ist: sie wird still.«

»›Leticia‹, sagte ich, ›du bist einzigartig. Nachdem Gott dich gemacht hatte, hat er den Model weggeworfen. So etwas wie dich wird es nie wieder geben.‹«

*35.* Ein junger Mann: »Ich war gerade in der Apotheke und sah etwas, was sich ›Wimperntrick‹ nennt, ein Produkt, bei dem Wimpern und Wimperntusche in einem geliefert werden. Ich sagte zu dem jungen Apotheker: ›Frauen kennen doch tausend Tricks‹, und er antwortete: ›Und nicht nur körperliche.‹ Wem sagen Sie das, dachte ich.«

Derselbe junge Mann: »Haben Sie jemals beobachtet, wie sich Frauen, die zusammen gegessen haben, voneinander verabschieden? Ein Mann sagt zu seinem Freund ›auf Wiedersehen‹ und geht. Frauen beginnen einander ›auf Wiedersehen‹ zu sagen und sind selten vor einer halben Stunde fertig. Sie müssen immer weiterreden. Vielleicht fürchten sie, die anderen Leute könnten sonst denken, sie seien taubstumm.«

»Joan ist ein Engel, wenn sie gute Laune hat, aber sobald sie die leiseste Kritik spürt, wird sie stolz wie Luzifer.«

Über die Geliebte: »Ihre ersten Gefühle und Handlungen sind beinahe immer echt, aber dann wird sie melodramatisch wie eine Schauspielerin, die eine Rolle spielt.«

*36.* Ein Patient verglich Schaufenster mit Frauen. Er sagte, die attraktivsten und auffälligsten Dinge werden ebenso in den Schaufenstern gezeigt wie in der äußeren Erscheinung der Frauen. »Es gibt natürlich Gegenstände von geringerem Wert drinnen im Laden, die nur bestimmten Kunden gezeigt werden und anderen nicht, meistens Schund. Frauen haben, zum Beispiel, Toilettengeheimnisse, falsche Busen und dergleichen, die sie niemandem zeigen würden, vielleicht nicht einmal ihren besten Freundinnen. Andererseits haben die Geschäfte erlesene Stücke, die nur bevorzugte Kunden zu sehen bekommen, und es gibt Teile des weiblichen Körpers, die nur den Blicken bevorzugter Männer preisgegeben werden.«

*37.* Ein junger Mann, der über Frauen spricht: »Das erste, was ich an einem jungen weiblichen Körper schätze, ist Reinlichkeit. Reinlichkeit kommt gleich nach Göttinnenhaftigkeit [*sic*].«

»Hören Sie zwei Frauen in einem Bus zu. Wie aufgeregt sie sprechen! Was für Gebärden, was für ein Mienenspiel, was für ein ständiger Wechsel des Gesichtsausdrucks! Und wissen Sie, was der Grund der ganzen Aufregung war? Ich habe zugehört. Das Kleid einer anderen Frau!«

*38.* Ein Mann Anfang Sechzig: »Ich hörte einen Arzt im Scherz sagen: ›Wenn sich die Arterien zu verhärten beginnen, fängt der Penis an, weich zu werden.‹«

*39.* Ein Mann, der gerade hereinkommt: »Ich sah eben auf dem Broadway ein großes neues Geschäft, das auf jeder Schaufensterscheibe ankündigt: ›Große Eröffnung‹ dann und dann. Ich habe noch nie die Ankündigung einer ›großen Schließung‹ eines Geschäftes gesehen. Es ist wie mit der Liebe. Der Beginn wird stolz verkündet, aber über das Ende schweigt man meistens still.«

*40.* Ein junger Mann: »Als wir vor der Apotheke ankamen, wollte sie nicht hineingehen und das Pessar kaufen. Schließlich fragte sie mich, ob ich es für sie kaufen könnte, nachdem sie mir die Art und Größe genannt hatte.«

*41.* Beobachtung eines Mannes in einem Bus: »Das Mädchen, das mir gegenüber saß, war sehr attraktiv. Sie las die Abendzeitung. Es störte mich, daß sie beim Lesen die Lippen bewegte. Das tun nur ziemlich ungebildete Menschen.«

*42.* Ein Mann über eine gewisse Frau: »Sie erzählte mir alles über ihre unglückliche Ehe, und es klang sehr echt. Erst später erkannte ich, daß sie mir eine gute Vorstellung gegeben hatte. Sie spielte die Rolle der vernachlässigten Frau. Sie spielt immer Theater und sagt nur im Notfall die Wahrheit.«

*43.* Ein junger Mann, der wußte, daß ein Mädchen, mit dem er manchmal schlief, gelegentlich auch andere Sexualpartner hatte, erlebte dennoch etwas, was ihn verwirrte: »Inge rief mich an und sagte, sie werde zu mir kommen. Als sie kam, sagte sie, daß sie scharf sei und am nächsten Tag oder so ihre Regel bekomme. Wir schliefen miteinander, und ein paar Minuten später sagte sie: ›Du bist der Beste von allen.‹ Ich schlief beinahe augenblicklich ein. Am Morgen wollte sie noch einmal Geschlechtsverkehr haben und reizte mich. Ich hatte eine Erektion, aber dann rutschte ich plötzlich aus ihr heraus.«

Während dieser psychoanalytischen Sitzung konnte ich ihm erklären, daß die Erinnerung an das, was Inge am Abend gesagt hatte, zurückgekehrt sein mußte und ihn daran denken ließ, daß sie auch andere Männer hatte, mit denen sie ihn verglich (»du bist der Beste von allen«), und das mußte ihn so gestört haben, daß er impotent wurde. Es ist offensichtlich, daß das Wissen von Inges Promiskuität vorher nicht so gegenwärtig war wie unmittelbar nach dem sexuellen Erlebnis, als sie diesen Vergleich anstellte.

*44.* »Ihre alltägliche Sprache ist eine einzige Reihe von Superlativen; ich frage mich, wie sie redet, wenn sie nervös oder aufgeregt ist.«

»Junge Mädchen sollten nur selten mit ihrer Mutter zu Partys und anderen gesellschaftlichen Veranstaltungen gehen. Ein junger Mann sieht sich das Mädchen an und dann die Mutter und denkt oft, daß es in zwanzig Jahren genauso aussehen wird wie die Mutter.«

*45.* Ein junger Mann über eines seiner Erlebnisse: »Wir schliefen also miteinander. Als wir später in ein Restaurant gingen, gab sie mir ihre Telefonnummer. Ich schlug sie im Telefonbuch von Manhattan nach, fand ihren Namen nicht und wurde mißtrauisch. Als ich zu unserem Tisch zurückkam, fragte ich sie, und sie sagte mir, daß sie verheiratet ist. Die Telefonnummer, die sie mir gegeben hatte, war die ihrer Mutter, und sie sagte mir auch, um welche Zeit sie gewöhnlich dort zu erreichen ist. Erst dann begriff ich natürlich.«
*46.* Ein älterer Witwer: »Es ist komisch. Ich werde alt. Als ich jung war, sah ich mir immer aufmerksam die hübschen Kellnerinnen in den Restaurants an, in denen ich zu Abend aß. Jetzt richtet sich meine Aufmerksamkeit mehr und mehr auf die Speisen, die sie servieren.«
*47.* Ein Mann, dessen Frau nicht in die Scheidung einwilligt, damit er eine andere heiraten kann: »Wenn sie mich so liebt, wie sie sagt, würde sie dann nicht wollen, daß ich mit einer anderen glücklich bin?«
*48.* Ein Junggeselle: »Ich kann es mir nicht leisten, diesen Sommer zu verreisen. Ich bin zweiunddreißig Jahre alt, und New York ist die wunderbarste Stadt der Welt. Wo sonst könnte man denn ein richtig nettes jüdisches Mädchen kennenlernen?«
Nach einem sexuellen Erlebnis: »Wozu denn der ganze Aufwand? Zum Teufel mit Gesicht und Figur! Der Penis hat seine eigenen Bedürfnisse, und auch eine unscheinbare Frau kann sie befriedigen, wenn sie leidenschaftlich genug ist.«
»Manche Frauen sind sexuell so tiefgefroren, daß man lange braucht, um sie aufzutauen, und eine halbe Ewigkeit, bis man sie zum Schmelzen bringt.«
Über den vergangenen Sommer: »Ich sagte zu ihr: ›Meinst du nicht, daß dich ein Strohhut mit breitem Rand besser vor der Sonne schützen würde? Er würde dir auch sehr gut stehen. Wenn man so schöne Augen hat wie du, sollte man keine dunkle Sonnenbrille tragen. Schönheit verpflichtet.‹«
Über seinen Freund: »Er hat immer Angst, daß er dem Bild nicht gerecht wird, das sich seine Frau von ihm gemacht hat. Ich meine, daß er die sexuellen Erwartungen nicht erfüllt, die sie damals hatte.«
*49.* Ein Weiberfeind: »In diesem Sommertagen gehen die Frauen in luftigen Kleidern durch die Straßen. Ein Jahrmarkt der Eitelkeiten

des enthüllten und verborgenen Fleisches. Sie geben alle an, auch wenn sie verstecken, was sie zu bieten haben. Alle Frauen hoffen, wir Männer werden denken, daß es da mehr gibt, als man auf den ersten Blick sieht. Es ist oft viel weniger...«

»Ich fuhr lange neben einem Wagen her, in dem eine Frau am Steuer saß und neben ihr noch eine andere. Sie unterhielten sich sehr angeregt. Ich konnte natürlich nicht hören, was sie sagten, aber ich beobachtete ihre sprechenden Gebärden und ihr Mienenspiel. Es war so, als sähe man Menschen in der Ferne tanzen, ohne die Musik zu hören.«

*50.* Ein anderer Patient zeigte eine freundlichere Einstellung: »Ich saß gerade eine Weile im Central Park. Wissen Sie, Frauen sind in einem viel großzügigeren Sinne demokratisch als wir Männer. Da saß eine Dame aus New England und plauderte mit einer Negerin über Kinder, und später sprach sie über Kleider mit einer jungen Jüdin. Ja, Frauen sind auf eine gütige Weise demokratisch... Und bedenken Sie, wie geduldig sie sein können! Eine mit Paketen beladene Frau steigt in einen Bus und setzt sich bequem hin. Dann erst sucht sie das Fahrgeld heraus. Sie sind nicht so pünktlich und peinlich genau wie wir Männer, nachsichtiger und nachlässiger. Sie scheren sich den Teufel um Vorschriften, wenn sie unbequem sind, während wir dummen Männer oft fürchterlich pedantisch sind und an unseren starren Prinzipien festhalten.«

»Jeanne liebt mich, ich weiß, aber leider ist sie allergisch gegen Sex.«

*51.* Ein verheirateter Mann, dessen Frau seit Jahren an unheilbarer Schizophrenie leidet und in einer Nervenheilanstalt lebt: »Wenn ich jetzt manchmal an sie denke, liebe ich sie noch, aber ich liebe sie als Phantom. Ich sehe sie, wie sie war, als ich sie kennenlernte und mich in sie verliebte – jung, schön und lebhaft.«

*52.* Ein junger Mann, der von einem sexuellen Erlebnis mit einer College-Studentin spricht: »Diese Lisa ist wie ein Kind. Alles, was man ihr gibt, nimmt sie in den Mund.«

*53.* Ein Patient über seine Freundin: »Gewiß, sie ist treu. Das Problem ist nur: heute ist sie mir treu und morgen einem anderen.«

Derselbe junge Mann: »Wenn ich eine Frau, die nicht in großer Eile oder schwerkrank ist, an einem Spiegel vorbeigehen sehe, ohne daß sie hineinschaut, werde ich mißtrauisch. Ich denke dann, es könnte ein Transvestit sein.«

»Ich sah dieses junge Mädchen. Sie war allein und ich ging zu ihr hinüber. Ich dachte, sie sitzt da wie eine brütende Ente. Später stellte ich dann fest, daß sie eher wie eine brütende Gans dasaß.« (Nur im Englischen ganz verständlich. *Duck* = Ente wird auch als Kosename gebraucht, und *a duck of a girl* bedeutet soviel wie »ein süßes Mädchen«. Anm. des Übers.)
»Kennen Sie das schönste Geräusch in den Straßen von New York? Das Klappern hoher Absätze hinter einem.«
»Um ihre Verlegenheit zu verbergen, wurde Anne ganz frech und unverschämt und griff mich an. Sie machte mir alles zum Vorwurf.«
»Ich glaube wirklich, daß Frauen mehr sehen als hören. Nehmen Sie, zum Beispiel, Anne. Wenn ich über die Lage an der Börse oder über Politik oder etwas anderes Ernstes spreche, hört sie mir nur mit einem halben Ohr zu, *sans dire mot*. Aber sie sieht mich sehr aufmerksam an. Sie prüft mich mit ihren Blicken, und manchmal sehe ich voraus, daß sie gleich sagen wird: ›Du hast Schuppen auf deinem Kragen.‹«
»Der Gedanke, daß man sterben muß, treibt jeden in eine sexuelle Orgie, so als wäre das ein Fluchtweg. Es ist merkwürdig, daß nach dem Geschlechtsverkehr der Gedanke an das Sterben wieder auftaucht: *Omne animal post coitum triste*... Wenn ich spät am Abend durch den Park spaziere, erinnern mich die vielen Liebespaare an einen *danse macabre*, an diese mittelalterlichen Darstellungen des Totentanzes.«
»Es gibt gute und schlechte Ficks, aber Eileen, die Frau des Architekten, war der phantastischste. Ich erinnere mich, daß sie mich in ihr Schlafzimmer mitnahm, während ihr Mann im Nebenzimmer ein Nickerchen machte. Sie lehnte sich gegen die Tür, durch die er jeden Augenblick kommen konnte, hob den Rock in die Höhe – sie hatte darunter nichts an – und nahm mich hinein. Es war der vollkommenste Orgasmus, den ich je erlebte.«
Über eine andere Frau: »Ich drehte sie herum und versuchte, von hinten reinzukommen, wissen Sie. Das gefiel mir besser. Es war leichter und sie schmierte gut.«
Andere Bemerkungen desselben jungen Mannes über sexuelle Erlebnisse: »›Gehst du schon?‹ sagte sie, als sie danach die Augen aufmachte. Das war bei ihr ein Schlafzimmerklischee, ganz gleich, ob ich nach einer Stunde oder nach zwei Tagen ging.«

»Sie muß gespürt haben, daß ich ihrer müde wurde, denn sie stellte mir manchmal Fragen über Sex. ›Was möchtest du? Sag mir, was ich für dich tun soll. Wie möchtest du es haben?‹ Aber ich hatte nicht nur ihren Sex satt, sondern auch ihre Liebe.«
»Ich machte damals harte Zeiten durch – ich meine in sexueller Hinsicht –, oder sollte ich lieber sagen, ich hatte immer einen Harten?«
»Nachdem ich ihren Mund oft geküßt hatte, ging ich tiefer hinunter, zu ihren Brüsten und ihrem Nabel und noch tiefer.«
*54*. Ein anderer, mehr philosophisch veranlagter junger Mann: »Adam hatte es leicht. Es gab nur Eva und sonst niemanden, auf den er aufmerksam werden konnte. Er konnte sie nehmen oder lassen, je nachdem, wie ihm gerade zumute war.«
»Polonius gab diese Regel Laertes mit. Er könnte sie nicht Ophelia oder irgendeiner anderen Frau gegeben haben: ›Dies über alles: sei dir selber treu.‹ Keine Frau weiß, was ihr eigenes Selbst ist, und keine würde ihm treu sein wollen.«
*55*. Ein Student, der an seiner Dissertation über englische Literatur arbeitet, spricht über seine sexuellen Erlebnisse: »Manche Dinge fallen einem wieder ein, wenn man sie am wenigsten erwartet. Neulich wollte ich etwas in der kommentierten *Hamlet*-Ausgabe nachsehen und schlug das Buch bei der Schauspiel-Szene auf. Sie erinnern sich, daß der Prinz dort einige zweideutige Anspielungen macht. Ophelia sagt zu ihm: ›Ihr seid spitz, gnädiger Herr, Ihr seid spitz.‹ Und Hamlet antwortet: ›Ihr würdet zu stöhnen haben, ehe Ihr meine Spitze abstumpftet.‹ Die sexuelle Anspielung, vor allem das Wort *stöhnen*, weckte die Erinnerung an eine Szene, die ich wieder lebhaft vor mir sah. Wir waren im Bett, und Eileen saß rittlings auf mir, wobei sie mir den Rücken zuwandte. Ich streichelte nur ihr Gesäß, das erregte sie nach und nach, und sie vollführte die Bewegungen einer wilden Reiterin. Sie stöhnte regelrecht, bis sie meine Ejakulation in sich spürte und ›meine Spitze abgestumpft‹ hatte.«
*56*. Ein junger Mann: »Ich glaube nicht, daß diese pornographischen Inschriften und Zeichnungen, die man an unseren Hauswänden und in den Toiletten sieht, je von Frauen stammen könnten. Das sind in Wirklichkeit sexuelle Attacken gegen Frauen durch Wort und Bild.«
*57*. Ein Theaterproduzent: »Frauen führen ausgezeichnet Regie in ihren eigenen Stücken, das heißt, wenn sie sich selbst spielen, sozu-

sagen ihre eigene Rolle. Ich glaube, in Stücken, die von anderen geschrieben wurden, sind sie nicht so gut.«

58. Ein junger Mann: »Manchmal kann mich ein vorbeirauschender Rock mehr erregen als eine nackte Frau.«

59. Ein junger Mann über seine Geliebte: »Cecily macht es lieber auf dem Fußboden als im Bett und lieber im Wald als in einem Zimmer. Sie sagt, sie sei primitiv... Anfangs sagte sie: ›Komm in mich!‹ Aber später vermied sie solche Euphemismen und sagte: ›Fick mich!‹ Sie verlangte auch von mir, daß ich vulgäre Ausdrücke wie ›ficken‹ und ›Fotze‹ verwende. Es war, als wollte sie erniedrigt werden...«

»Ich erinnere mich an das erste Mal, als sie die Initiative ergriff. Sie sagte scherzhaft, sie erforsche gern unbekannte Länder und knöpfte meinen Hosenschlitz auf. Sie wußte sehr gut, was sie dort finden würde. Aber sie spürte gern in ihren Fingern, wie er groß und hart wurde.«

Derselbe junge Mann: »Nicht das Kleid, sondern die Wahl der Unterwäsche entscheidet, ob eine Frau wirklich feminin ist oder nicht.«

60. Ein Mann, der sich an seine Studentenzeit erinnert: »Dann ging ich mit der ganzen Bande in ein Bordell. Ich mußte mir von einem Burschen Geld borgen. Damals wußte ich noch nicht, daß man die besten Dinge im Leben umsonst bekommt, sonst wäre ich gar nicht mitgegangen.«

61. *Die Ansichten eines jungen Mannes über Frauen:* Was nun folgt, ist eine Sammlung von Äußerungen, die ich während einer zweijährigen Behandlung in psychoanalytischen Sitzungen zu hören bekam. Der Patient, ein Mann von wenig mehr als dreißig Jahren, spricht über verschiedene Frauen und sich selbst, über seine Erlebnisse und Einsichten. Mit seiner Heirat nahm eine bestimmte Phase seines Lebens eine befriedigendere Wendung.

Über ein bedeutungsloses sexuelles Erlebnis: »Es war wirklich nicht viel. *Les petits riens* sozusagen oder eher *Eine kleine Nachtmusik* – nur nicht so schön... Als ich jung war, war ich Frauen gegenüber viel schüchterner. Man lebt und lernt. Ich lernte vor allem, welche die besten Taktiken sind, wenn man sie erobern will. Das ganze Geheimnis ist: sei zuerst sanft und dann draufgängerisch. Wenn ein gewisser Punkt erreicht ist, ein Punkt, an dem es kein Zurück mehr gibt, muß man ohne Rücksicht auf die Partnerin vorwärts drängen.

Nur so erreicht man die größte Lust für sie und sich selbst... Wenn Ihnen eine Frau erlaubt, ihre Brustwarzen zärtlich zu streicheln, und wenn Sie das lange genug tun, können Sie darauf wetten, daß sie schließlich nach Ihrem Penis greift. Das kommt beinahe automatisch... Manchmal ist der Geschlechtsverkehr die Anstrengung nicht wert. *Le jeu n'en vaut pas la chandelle*, wie die Franzosen sagen, das heißt, das Spiel ist die Kerze nicht wert, die man dafür anzündet. In diesem Fall ist es die Kerze nicht wert, die man manchmal auslöscht, bevor man anfängt...« (In einer philosophischen Stimmung): »Der Sexualtrieb macht nicht nur seltsame Bettgenossen, sondern auch Bettgenossen, die einander trotz des gemeinsamen sexuellen Erlebnisses seltsam, das heißt fremd, bleiben. Aber dieses Erlebnis ist eben manchmal kein gemeinsames, sondern ein einseitiges, und manchmal kaum das...« (Über ein bestimmtes Mädchen:) »Das nächstemal trafen wir uns auf einer Dinner-Party, wo sie meine Tischnachbarin war. Sie sprach so unnatürlich natürlich von der Nacht, die wir eine Woche vorher zusammen verbracht hatten.«
(Über sich selbst:) »Ich muß Kompromisse schließen, zum Beispiel mit einer Frau schlafen, die ich nicht wirklich mag. Das sind Dinge, die die Not diktiert. Wissen Sie, man könnte solche Situationen mit den Schirmen vergleichen, die Hotelportiers oder Butler aufspannen, wenn sie Gäste in strömendem Regen oder in einem Schneesturm vom Wagen ins Haus geleiten. Es hilft für den Augenblick... Manchmal sehnt man sich nicht nach diesem oder jenem Mädchen. Man will einfach eine Frau, irgendeine Frau...« (Über ein bestimmtes Mädchen:) »Anne? Man würde eine Shakespearesche Phantasie brauchen, um sich vorzustellen, daß man mit ihr ins Bett gehen könnte. Der bloße Gedanke kann einen impotent machen, ganz zu schweigen von der Tat...« (Über eine andere Frau:) »Nein, ich habe noch keine großen Fortschritte bei ihr gemacht. Es ist, als wäre man noch auf der Piste, die Maschine rollt noch, aber man weiß, daß sie gleich abheben wird...« (Über wieder eine andere Frau:) »Sie ist eine Schlange, und ich fühle mich in ihrer Gegenwart manchmal wie ein Schlangenbeschwörer, der seine Flöte zu Hause gelassen hat... Frauen sind so neugierig, was Einzelheiten anbetrifft. Man sagt ihnen, daß man einen Streit im Büro hatte, und sie wollen wissen, mit wem und worum es ging und wie er endete. Und wenn man erwähnt, daß die Frau des Chefs ihn im Büro abholte, fragen sie, wie

sie ihn begrüßte und was er zu ihr sagte, und dann soll man ihnen beschreiben, wie sie angezogen war...«
(Nach seiner Heirat:) »Gestern nach dem Abendessen bat mich meine Frau, ihr von meinen Erlebnissen mit Mädchen zu erzählen, bevor ich sie kennenlernte oder vielmehr bevor ich sie heiratete. Sie wollte alle Einzelheiten über sie wissen und welcher Art meine Beziehungen zu ihnen waren und all das. Ich sagte, sie müsse warten, bis ich meine Memoiren unter dem Titel *Mein Leben und meine Lieben* schreibe... Ich hatte einen Streit mit meiner Frau. Danach, spät am Abend, ging ich zu Jane hinauf und schlief mit ihr, nicht weil ich Lust dazu hatte, sondern weil ich mich an meiner Frau rächen wollte...«

## 2. Der Mann und die Ehe

*1.* Die Ehe scheint bei Männern mehr Zweifel und Verbitterung zu wecken als bei Frauen – ganz abgesehen von den finanziellen Problemen, die sich ergeben, wenn der Mann die traditionelle Rolle des Ernährers spielt. Die Klage eines Patienten mag als eine Art Vorspiel dienen: »Zuerst war es das Elend, aus dem ich in die Ehe zu fliehen versuchte, dann war es die Ehe und das Elend zusammen... Sie wissen ja, ›und sie lebten unglücklich bis an ihr unseliges Ende...‹«
Derselbe Patient berichtete, daß er oft von einem viel älteren Mann gewarnt worden war, der zu ihm sagte: »Sei immer bereit, deinen Freunden bei ihren Hochzeiten beizustehen, aber sei nie der Bräutigam!« Das ist das Gegenteil der oft zitierten Klage der Mädchen: »Immer die Brautjungfer, nie die Braut.«
Wenn die Ehe für die Männer so unerträglich ist, wie sie oft behaupten – wie läßt es sich dann erklären, daß die meisten von ihnen verheiratet bleiben? Ich hörte einmal einen älteren Mann das Verhalten eines jüngeren beschreiben: »Es ist immer dasselbe mit ihm. Er verliebt sich in irgendein Mädchen, möchte sich scheiden lassen und dieses Mädchen heiraten und tut es auch beinahe. Aber immer nur *beinahe*. Im letzten Augenblick gibt er das Mädchen auf und kehrt zu seiner Frau und zu seinen Kindern zurück.«
Dann gibt es natürlich noch den Fall des ewigen Junggesellen, von denen mir einer erklärte: »Nein, ich bin nicht der Typ, der heiratet. Ich bin der Typ, der vögelt.«

2. Ein Anwalt beschreibt eine Szene im Gerichtssaal bei einem Prozeß wegen Körperverletzung: »Dann wurde der Ehemann der Frau, die noch im Krankenhaus lag, als Zeuge aufgerufen. Er sagte, er verrichte alle Arbeiten im Haushalt, die seine Frau vor ihrem Unfall erledigt hatte. Im Kreuzverhör wurde der Zeuge gefragt, wieviel Zeit er für den Haushalt aufwende, und er antwortete: ›Eine Hausfrau hat nie Feierabend.‹ Die Geschworenen lachten, und sogar der Richter lächelte.«
3. Ein Mann in mittleren Jahren erklärt: »Ich glaube nicht, was die Statistiker behaupten, nämlich daß verheiratete Männer länger leben als Junggesellen. Es kommt einem nur länger vor, wenn man verheiratet ist.«
4. Junggesellen erleben manchmal eine Art Sehnsucht nach einem Familienleben. Einer sagte: »Ich werde alt. Ich bin bald zweiunddreißig. Gestern ist mir mein Alter bewußt geworden. Ich stand vor dem Schaufenster von Schwartz – Sie wissen, das Spielwarengeschäft in der Fifth Avenue –, und neben mir stand eine Mutter mit ihrem kleinen Jungen. Der Junge zeigte seiner Mutter verschiedene Dinge im Schaufenster. Sie lächelte ihn an, und ich lächelte auch. Bei Gott, ich wäre am liebsten hineingegangen und hätte dem Jungen etwas gekauft. Als ich weiterging, dachte ich plötzlich, daß ich ein alter Junggeselle bin, und ich war deprimiert bei dem Gedanken, daß ich einmal einer von denen sein könnte, die ihr Geld einem Waisenhaus vermachen.«
5. »Ganz gleich, worüber wir uns streiten, meine Frau hat immer das letzte Wort. Haben Sie die Geschichte von dem Iren gelesen, der behauptete, seine Frau habe sogar bei einem Echo das letzte Wort?«
»Es gibt unbestreitbare Tatsachen, Dinge, die sie und ich gesehen haben, aber sie leugnet sie manchmal leidenschaftlich und entrüstet.«
6. Ein Patient spricht von der Vergangenheit: »Ich weiß, daß sie nicht sehr hübsch und nicht gebildet war, aber ich hatte nur noch Schulden und beschloß, sie zu heiraten. Bettler dürfen nicht wählerisch sein. Das Geld wächst zwar nicht auf den Bäumen, aber es kam aus den Sägewerken ihres Vaters.«
7. Hier nun einige der Klagen und Beschwerden, die ein Psychoanalytiker von seinen verheirateten Patienten zu hören bekommt:
»Meine Frau gibt eine Menge Geld für Kosmetika aus, um natürlich

auszusehen... Neulich hatten wir deshalb eine Auseinandersetzung. Wissen Sie, was sie zuletzt sagte? ›Recht oder Unrecht, eine Frau hat immer recht.‹«

»Meine Frau macht mich für alles verantwortlich, was nicht in Ordnung ist. Ich glaube, sie wirft mir sogar vor, den Zweiten Weltkrieg angefangen zu haben.«

»Nach diesem Streit ließ mich meine Frau, dieses Miststück, zwei Wochen lang ihre Ungnade spüren.«

»Wenn man lange verheiratet ist, merkt man, daß Geschlechtsverkehr und Lust manchmal sehr verschiedene Dinge sind, die man nicht miteinander verwechseln sollte. Man spricht im Zusammenhang mit dem Geschlechtsverkehr in der Ehe ganz richtig von den ehelichen Pflichten. Er ist oft nur das.«

»In der Genesis heißt es, daß aus dem Chaos Ordnung entstand. Meine Frau ist eine Ordnungsfanatikerin und in dieser Hinsicht so unbarmherzig wie Jehova. Wenn sie meinen Schreibtisch aufräumt, meine Notizen und Manuskripte, brauche ich lange, bis ich wieder etwas finde.«

»Wir hatten also gestern diesen Streit. Meine Frau sagte: ›Gut, du sollst deinen Willen haben, aber ich sage dir meine Meinung dazu‹, und dann begann sie zu reden und zu reden. Sie war noch immer nicht fertig, als ich heute morgen aus dem Haus ging.«

»Gestern war meine Frau in ihrer Nerzstimmung. Das ist die Stimmung, in der sie mich mit allen Mitteln dazu zu bringen versucht, ihr einen Nerzmantel zu kaufen. Zuletzt beschloß ich, ihr den Mantel zu kaufen. Sie braucht ja nicht zu wissen, daß es natürlich eine Nerzimitation sein wird.«

»Ich habe meine Frau, wenn wir ausgehen, noch nie sagen hören: ›Ich bin fertig.‹ Sie sagt immer: ›Ich bin noch nicht angezogen‹ oder ›ich bin noch nicht soweit.‹«

»Meine Frau ist komisch. An den Tagen, an denen das Dienstmädchen kommt, um die Wohnung sauberzumachen, steht sie sehr früh auf und schuftet stundenlang wie ein Kuli. Sie arbeitet hart, damit das Mädchen, wenn es zum Aufräumen kommt, die Wohnung in tadellosem Zustand, in vollkommener Ordnung vorfindet.«

»Ich sagte meiner Frau, sie solle nicht soviel denken. Erstens weil das Resultat die Anstrengung nicht lohnt. Frauen treffen ohnehin keine Entscheidungen durch Denken, sie entscheiden je nach ihrer emotionalen Verfassung. Zweitens runzeln sie die Stirn, wenn sie denken. Was für ein Gedanke einer Frau ist so eine runzelige Stirn wert? Drittens ist ihr Denken teuer – denn ich als ihr Mann muß Helena Rubinstein dafür bezahlen, daß sie diese Runzeln wieder wegbringt.«

»Meine Frau überzeugt mich natürlich nie, weil ich weiß, daß alles, was sie zu sagen hat, Unsinn ist, aber sie überredet mich manchmal, obwohl ich nie auf das höre, was sie sagt, sondern nur auf die Modulationen ihrer Stimme.«

Ein Mann in den Sechzigern: »Ich erwischte meine Frau dabei, wie sie auf meinem Hemd Spuren von Lippenstift suchte, und ich sagte zu ihr: ›Dein Mißtrauen schmeichelt mir sehr. Ich wollte, es wäre gerechtfertigt.‹«

»Meine Frau ist schrecklich eifersüchtig. Gestern waren wir im Kino, und ich drückte mehrere Male meine Bewunderung für Marilyn Monroe aus. Meine Frau wurde so eifersüchtig, daß sie mich jedesmal gegen das Bein trat, wenn ich etwas über die Schönheit der Monroe sagte. Ich kannte sie natürlich gar nicht, und außerdem ist sie tot.«

»Meine Frau kann nicht pünktlich sein. Ich dachte zuerst, das sei ein angeborener Fehler, aber dann kam sie einmal zur rechten Zeit. Sie glaubte, sie sei für eine Stunde früher eingeladen worden.«

Ein Patient, der von seinem Sommerurlaub erzählte: »Im Hotel stand ein Tisch neben meinem, an dem während dieser Wochen immer ein Mann und eine Frau saßen. Sie sprachen nie miteinander, und ich dachte, entweder kennen sie sich nicht oder sie sind schon sehr lange verheiratet.«

»Frauen haben im allgemeinen mehr Respekt vor der öffentlichen Meinung, vor dem, was die Leute denken oder sagen, als Männer. Meine Frau erklärte mir allerdings, was die Leute denken, kümmert sie wenig. Nur was sie sagen, ist wichtig.«

»Meine Frau vergeudet soviel Zeit mit ihrem Make-up. Ich hörte einmal eine Frau sagen: ›*Je fais ma tête.*‹ Frauen maßen sich die Stelle Gottes an. Wenn sie mit dem Gesicht, das Er ihnen gegeben hat, nicht zufrieden sind, fabrizieren sie sich ein anderes. Es kommt selten etwas Besseres dabei heraus.«

Ein Mann in mittleren Jahren: »Meine Frau ist sonderbar. Wenn ich nicht arbeite und auf der Couch liege, sagt sie: ›Warum arbeitest du nicht? Du redest nicht mit mir und zeigst ohnehin nicht das geringste Interesse an mir. Solltest du nicht arbeiten?‹ Arbeite ich aber, sagt sie: ›Da liest du und schreibst und widmest mir nicht die geringste Aufmerksamkeit, sondern nur deiner Arbeit.‹«

Ein Mann in den Vierzigern: »Das Leben mit meiner Frau – ich meine mein Eheleben – ist hart. Sie verstehen, alles ist schön und gut – an der Oberfläche. Aber dieses Leben hat keinen Inhalt. Vor einigen Jahren trommelte ich noch mit den Fäusten gegen die Mauern des Ehelebens, als wäre es ein Kerker. Aber es gab keinen Ausweg. Meine Frau und meine Kinder hielten mich gefangen. Und dann traf ich Debbie und hatte dieses sexuelle Erlebnis, das ich in meiner Erinnerung noch wie einen Schatz hüte. Es war, als begännen diese Mauern langsam wegzuschmelzen.«

»Meine Frau steht manchmal so lange vor dem Spiegel, daß ich mir oft vorstelle, sie wird durch ihn verschwinden wie Alice [im Wunderland].«

»Meine Frau nörgelt an mir herum und macht mich immer wieder darauf aufmerksam, daß ich nicht vorsichtig genug mit meiner Zigarettenasche umgehe. Heute sage ich zu ihr: ›Du hast deinen Beruf verfehlt. Du hättest Gouvernante werden sollen.‹ Manche Frauen benehmen sich ihren Ehemännern und allen Männern gegenüber wie Gouvernanten.«

Ein Mann in den Fünfzigern: »Ich bin gegen Liebesheiraten. Ein französischer Schriftsteller – sein Name fällt mir jetzt nicht ein – nannte die Liebe einmal *une promesse du bonheur*. Ich habe viele Paare gesehen, die aus Liebe geheiratet haben. In den meisten Fällen war die Liebe eher *une promesse du malheur*. Zwei Verliebte – das sind zwei Menschen, die falsche Vorstellungen voneinander haben.«

Ein Zweiundsiebzigjähriger bei einer Konsultation: »Meine Frau versucht mich zu ändern, mich dazu zu bringen, meine schlechten Gewohnheiten aufzugeben, aber das kann man mit einem so alten Kerl wie mir nicht machen. Ich las unlängst, daß Talleyrand sagte: ›*C'est plus qu'un crime, c'est une stupidité*‹ [Das ist mehr als ein Verbrechen, es ist eine Dummheit]... Immer wenn ich eine Zigarette rauche, kommt sie auch schon und leert den Aschenbecher aus. Ich sage zu ihr: ›Geh nicht weg, bleib da, in ein paar Sekunden werde ich wieder die Asche abstreifen.‹«

# V
# Miszellen

Der fünfte Teil dieses Buches ist anders angelegt als die vorausgegangenen, die jeweils einen bestimmten, einheitlichen Inhalt hatten. Der erste Teil behandelte die Geschichte der Entstehung des Buches. Der zweite Teil war den Ansichten und Aussprüchen von Frauen über Frauen, über Männer und so fort gewidmet. Diese Ansichten wurden manchmal nicht nur ausgesprochen, sondern strömten hervor, wie es nur in psychoanalytischen Sitzungen möglich ist. Der dritte und vierte Teil enthält Bemerkungen männlicher Patienten, die ihre Meinungen oft sehr ungehemmt ausdrückten.

Die vier vorausgegangenen Teile enthalten also viele witzige und scharfsinnige Dinge, die Patienten während ihrer Sitzungen sagten. Manche haben den Leser vielleicht amüsiert oder erstaunt, aber im folgenden Teil kann er Neues lernen, das zu neuen Einsichten führen wird.

Ich halte diesen fünften Teil für den wichtigsten des Buches. Er enthält bisher unveröffentlichte Erinnerungen an Freud und Untersuchungsergebnisse und Fallgeschichten, die von Psychoanalytikern und ihren Studenten in Vorlesungen und Seminaren vorgestellt wurden, ebenso wie meine eigenen Beiträge. Ich hoffe, daß diese Miszellen einige Fragen beantworten, den Wissensdurst steigern und das Interesse befriedigen werden, das wir alle menschlichen Angelegenheiten entgegenbringen. Ich hoffe außerdem, daß einige der folgenden Beiträge (zum Beispiel die Erinnerungen an Freud) von ganz besonderem Wert sein und daß sie einige bleibende psychoanalytische Einsichten vermitteln werden.

*1.* Ein Schriftsteller: »Ich kann niemandem den ersten Entwurf oder Teil eines unvollendeten Manuskripts zeigen. Das wäre so, als empfinge man einen Besucher ungewaschen und noch in der Unterwäsche.«

*2.* Eine nachdenkliche Frau: »Wenn die Liebe nur ein Gesellschaftsspiel für den Salon wäre, würden wir Frauen einen leichten Sieg davontragen. Sie ist aber auch ein Schlafzimmerspiel, und da verlieren wir oft und befinden uns oft in einer hoffnungslosen Lage.«

3. »Unterschätze nie die Macht einer Frau.« Das hätte niemals eine Frau sagen oder schreiben können. Eine Frau übt ihre Macht aus, aber sie spricht vor Männern nie darüber. Der Ausspruch könnte auch nicht von einem Mann mit einem übertriebenen männlichen Selbstbewußtsein stammen, weil er nicht glaubt, daß die Frau Macht über ihn hat, und nicht ahnt, auf was für Umwegen sie ihn dahin führt, wohin sie – nicht er – gehen wollte. Am besten nimmt man wohl an, daß dieser Satz ursprünglich von einem recht intelligenten Mann gesagt oder geschrieben wurde, der eben das tat, das heißt, der die Macht einer Frau unterschätzte und dabei eine unangenehme Erfahrung machte. Der Satz klingt eher wie die plötzliche Einsicht eines Mannes, dem eine unerwartete Kränkung widerfuhr, denn wie eine sachliche Feststellung.

4. *Über die Psychologie der lesbischen Liebe:* Die emotionalen Voraussetzungen der weiblichen Homosexualität sind schwer zu verstehen, solange man nicht zwischen den beiden Haupttypen der lesbischen Phantasie unterscheidet. Bei dem einen Typ stellt sich das Paar eine Mutter-Kind-Beziehung vor und agiert eine solche. Eine Partnerin behandelt die andere wie eine Mutter ihre kleine Tochter. Bei dem anderen Typ spielen die beiden Partnerinnen sozusagen Mann und Frau, und die Rollen können manchmal vertauscht werden. In beiden Fällen ist eine echte oder eingebildete Enttäuschung in der Liebe oder ein Liebesentzug eines der emotionalen Motive der Phantasie, in der die Rolle der Mutter oder des Geliebten von einer der beiden Darstellerinnen übernommen wurde.

5. *Der Ursprung der Verdrängung:* Wir beachten die Tatsache zuwenig, daß die dynamischen Prozesse, mit denen sich die Psychoanalyse befaßt, wie, zum Beispiel, Verdrängung, Verneinung und Verleugnung, ursprünglich von außerhalb des Individuums kommen. Eltern, Lehrer und andere bringen den Kindern bei, ihre Impulse zu unterdrücken. Später übernehmen innere Instanzen die Rolle dieser Erzieher und setzen ihre Arbeit fort – nicht immer mit Erfolg.

Das verlorene Paradies ist nicht die Kindheit, die oft voller Konflikte ist, sondern der Aufenthalt des Embryos im Uterus, die intrauterine Situation. Die Geburt ist schon die Vertreibung aus dem Paradies hinaus in das rauhe Leben. Wenn wir einschlafen, versuchen wir, dieses verlorene Paradies wiederzugewinnen. Wir schließen die Außenwelt und ihre Reize aus und versuchen, die Bedingungen des Embryos im Uterus wiederherzustellen: Dunkelheit, Wärme und Unabhängigkeit.

6. *Ein technischer Beitrag zur Psychoanalyse* wurde in einer Seminardiskussion geliefert. Wie man weiß, deuten längere Redepausen des Patienten in analytischen Sitzungen darauf hin, daß er bewußt oder unbewußt etwas verdrängt, was auszusprechen unangenehm wäre, oft eine kritische Bemerkung oder eine feindselige Regung gegenüber dem Analytiker. In solchen Situationen wird der Analytiker – besonders am Beginn der Behandlung – dem Patienten helfen, seine Widerstände auszudrücken. Die Seminardiskussion drehte sich um die direkte Form einer solchen Hilfe. Ein Analytiker in der beschriebenen Situation fragte den Patienten: »Haben Sie jetzt gerade etwas Kritisches über mich gedacht?« Wir kamen überein, daß es vorzuziehen sei, die Frage allgemeiner zu formulieren, zum Beispiel so: »Ist Ihnen gerade etwas eingefallen, was mich betrifft?«

7. *Im Traum eines Patienten* erschienen gestreifte Kugeln, wie sie seit jeher vor den Friseurgeschäften hängen. In seinen Gedankenassoziationen erinnerte sich der Patient, daß er als kleines Kind heftige Angst empfunden hatte, sooft er diese Streifen vor einem Friseurgeschäft sah. Die gleiche Emotion erlebte er in seinem Traum. Die Natur dieser Angst blieb ebenso wie der Teil des Traumes, in dem sie auftrat, unverständlich. In einem anderen Zusammenhang erinnerte sich der Patient daran, daß ihn sein Vater mehrere Male zum Haarschneiden mitgenommen hatte. Wie es bei Knaben oft geschieht, verband er den Friseur, die Schere und das Schneiden der Haare mit der Kastration. Er hatte daher Angst vor Friseuren und erlebte eine Art von Phobie, wenn er die Streifen vor ihren Geschäften sah.

8. Eine Patientin, eine junge Frau, die zur Promiskuität neigte: »Als ich mich gestern für die Party anzog, ertappte ich mich bei dem Gedanken: ›Ich sollte die neue schwarze Unterwäsche anziehen. Man weiß nie, was für attraktive junge Männer man auf so einer Party trifft.‹« Bei einer anderen Gelegenheit: »Als er mir die Tür aufmachte, war das Vorzimmer dunkel. Er drehte das Licht an und sagte: ›Laß dich ansehen.‹ Ich weiß nicht, warum, aber plötzlich dachte ich an Rotkäppchen und den Wolf, der sagte: ›... damit ich dich besser sehen kann.‹ Oh ja, er ist ein Wolf.«

9. Mein eigener Fall: Ich lernte nie Auto fahren, und ich bin in einem

Auto nie nervös, ganz gleich, wer es fährt – es sei denn, eine meiner beiden Töchter sitzt am Steuer. Sie sind beide über zwanzig und fahren sicher und zuverlässig. Wenn eine den Wagen nimmt und ich mitfahre, werde ich nicht müde, sie zu ermahnen: »Sei vorsichtig!« – »Da kommt ein Wagen!« – »Jetzt langsam!« und so weiter. Die Erklärung für dieses Verhalten ist einfach. Während ich bewußt weiß, daß sie erwachsen sind, betrachte ich meine Töchter unbewußt als kleine Mädchen, die natürlich nicht imstande sind, einen Wagen zu fahren.

*10.* Ein verheirateter Mann: »Ich hörte neulich eine hübsche kleine Geschichte. Eine Frau sagt beim Frühstück zu ihrem Mann: ›Ich habe geträumt, daß du mir eine Nerzstola geschenkt hast.‹ – ›Du darfst sie behalten‹, sagt darauf der Mann. Nicht alle Ehemänner sind so großzügig.«

*11.* Ein Psychoanalytiker lieferte in einem Seminar eine interessante Traumdeutung. Der Patient begann seine Schilderung mit den Worten: »Ich hatte letzte Nacht einen Traum, der mich erschreckte: Ich war in der alten Wohnung, die wir hatten, als ich ein kleiner Junge von vielleicht fünf Jahren war. Im Traum lag ich im Bett und drückte das Gesicht ins Kissen. Jemand kam herein, ich glaube, es war meine Schwester Jean. Ich war starr vor Angst und unfähig, mich zu bewegen. Ich konnte nichts sehen.«

Der Patient hatte tags zuvor in der analytischen Sitzung von seinen Kindheitserinnerungen gesprochen und erzählt, daß er das Schlafzimmer mit seiner älteren Schwester teilte, bis er mehr als fünf Jahre alt war. Der Psychoanalytiker verwendete diese Tagesreste bei der Rekonstruktion des latenten Trauminhalts. Der Traum wird verständlich, wenn man seinen manifesten Inhalt umkehrt. Der kleine Junge muß seine Schwester beim Ausziehen beobachtet haben, und er empfand starke Kastrationsangst, weil er keinen Penis sah. (Und glaubte, der Penis könne auch ihm weggenommen werden.) Während die Traumentstellung durch die Umkehrung erreicht wird (Gesicht ins Kissen gedrückt... konnte nichts sehen), wird die lebhafte Emotion der Angst erlebt.

*12.* Ein Patient: »Jean und ich waren gestern abend verabredet, aber sie kam nicht. Vielleicht hat sie den Ort verwechselt. Ich wartete vergebens. Schließlich verpaßte ich auch noch den Bus nach Hause. Das ist gut, nicht wahr? Sagten Sie mir nicht, daß Busse und Autos in Träumen symbolisch für Frauen stehen?«

*13. Allgemeine Beobachtung:* Ein Experte ist gewöhnlich ein Mann, der eine große Menge von Wissen und Einsichten erlangt hat, indem er sich durch mehr Fehlurteile, Versuche und Irrtümer durcharbeitete als die anderen Menschen, die über ein spezielles Gebiet alles zu wissen glauben.

*14.* Ein Patient über ein Paar: »Es ist eine seltsame Ehe. Seine Frau weiß natürlich von seinen homosexuellen Abenteuern. Es besteht kein Zweifel daran, wer in dieser Familie die Höschen anhat.«

*15. Psychoanalyse.* Hier ist eine psychologische Beobachtung, die in der psychoanalytischen Literatur über die Technik in der Praxis nirgends aufscheint. Wenn der Analytiker in die latente Bedeutung eines Traumes eindringen oder den unbewußten Sinn eines Symptoms verstehen will, muß er seine Aufmerksamkeit von dem Bereich des klaren, bewußten Denkens abwenden, das heißt, er muß die Region des bewußten Geistes verlassen, bevor er in die seelische Unterwelt hinuntersteigen und die dort ablaufenden Prozesse erkennen kann. Ein Vergleich soll veranschaulichen, was ich meine: Wenn Sie in Ihrem Zimmer das elektrische Licht ausschalten und dann mit offenen Augen die Gegenstände im Raum zu erkennen versuchen, wird Ihnen das nicht gelingen. Ihre Umrisse werden erst erkennbar, wenn Sie Ihre Augen einige Sekunden schließen und dann wieder öffnen. Diese Art von Anpassung ist notwendig, bevor man die Bedeutung von unbewußten Prozessen im Patienten und in einem selbst zu verstehen beginnt. Das für diesen Vorgang gültige Prinzip drückt Goethe in seinem *Torquato Tasso* aus:

> *Und laß dir sagen, habe die Sonne*
> *Nicht zu lieb und nicht die Sterne.*
> *Komm, folge mir ins dunkle Reich hinab.*

*16: Falsche Bescheidenheit:* Unser Narzißmus reicht viel tiefer, als wir ahnen. Er geht so weit, daß er der Selbstvergötterung nahekommt. Ich las unlängst eine Anekdote über General de Gaulle, die sich über ihn lustig macht, mich aber an diesen unbewußten Kern von Narzißmus erinnert, der in jedem von uns steckt. Nach den letzten Wahlen kam ein Parteifreund zu de Gaulle und sagte: »Mein Gott, Sie haben wieder gewonnen!« De Gaulle antwortete: »*Merci bien*, aber nennen Sie mich doch *Mon Général*.«

*17. Sexualität und Moral*: In der Moral gilt der Satz: »Was du nicht willst, daß man dir tu', das füg auch keinem andern zu.« Das se-

xuelle Vorspiel ist dagegen durch den Satz gekennzeichnet: »Was du willst, daß man dir tu', das füg zuerst dem andern zu.« Gewisse Liebkosungen zeigen dem Partner an, was man von ihm erwartet.
*18. Vertrautheit*: Wenn eine Frau für einen Mann ihr Geheimnis verloren hat, wie es nach langer Ehe der Fall ist, hat sie etwas sehr Wertvolles eingebüßt, das sie nur selten wiedergewinnen kann. Vertrautheit führt in diesem Falle nicht zur Verachtung, sondern zu sexueller Gleichgültigkeit.
*19. Konversation*: Eine Frau sagt: »Gespräche mit Frauen sind nur selten so anregend wie mit Männern – sie sind es auch für Männer nicht, außer vielleicht in sexueller Hinsicht.«
*20. Eindrücke*: Wenn man nach langer Abwesenheit in eine Stadt zurückkehrt, in der man viele Jahre gelebt hat, hat man den Eindruck, viele Menschen, die man auf der Straße, im Bus und so weiter trifft, zu kennen oder jedenfalls gesehen zu haben. Dieser Eindruck wird schwächer, wenn man viele Tage in dieser alten und doch neuen Umgebung verbracht hat.
*21.* Ein Schriftsteller über einen Kritiker, der einen Roman besprochen hat: »Dieser Kritiker ist hochintelligent, aber er versteht die Psychologie des Autors nicht. Er versteht nicht, daß ein Schriftsteller sein Thema nicht wählt, sondern von ihm gewählt wird. Das ist ein Erlebnis, das sich ebenso der freien Wahl des Autors entzieht wie beispielsweise das Sichverlieben.«
Über einen anderen Schriftsteller: »Wissen Sie, nachdem er sein Buch veröffentlicht hatte, warf ihn sein Agent den Löwen und den Löwenjägern vor.«
*22.* Ein Mann über ein Gespräch mit einem anderen Mann tags zuvor: »Ich gab ihm das als Gedanken für den Tag mit. Dabei dachte ich mir, das ist genug für ihn und vielleicht sogar schon zuviel.«
*23.* Eine Patientin sprach von einer anderen Frau, deren Mutter negativ auf ihren Vorschlag, sie zu besuchen, reagierte. Die Mutter wohnte mehrere hundert Meilen entfernt. Sie antwortete schließlich ausweichend in einem Brief, in dem sie ihre Herzkrankheit erwähnte. Die Patientin, die mir das erzählte, fragte: »Können Sie sich das vorstellen? Das ist doch eine echt angelsächsische Haltung. Eine Jüdin würde mit ihrem letzten Atemzug gesagt haben: ›Komm!‹«
*24.* »Mein früherer Chef nahm kein Blatt vor den Mund, und wenn ihm etwas nicht paßte, sagte er es. Der jetzige Chef ist sehr rück-

sichtsvoll und oft nicht ganz aufrichtig, um niemandes Gefühle zu verletzen. Wir spüren das natürlich, und manchmal fühlen wir uns schwerer gekränkt, als es sonst der Fall wäre.«

*25.* Aus einer Vorlesung in einem Seminar: »Galanterie wurde in einem Lexikon definiert als ›übermäßige Aufmerksamkeit gegenüber Frauen ohne ernsthafte Absicht‹. Sie hat einen charakteristischen Zug, der unentdeckt blieb. Ich meine den psychologischen Aspekt, daß sie durch eine kleinere oder größere Selbstaufopferung oder einen persönlichen Verzicht zugunsten der Frau gekennzeichnet ist. Beispiele: Man läßt eine Frau beim Betreten eines Zimmer vorausgehen. Das bedeutet, daß man zurücktritt und wartet. Man steht auf, wenn eine Frau den Raum betritt. Damit verzichtet man auf die Bequemlichkeit des Sitzens. In den meisten Fällen geht es bei diesem Verzicht nur darum, daß man wartet, bei vielen Gelegenheiten aber auch um mehr. Beispielsweise, wenn man einer Frau in den Mantel hilft. Hier handelt es sich um einen kleinen Dienst, eine Arbeit, die man für die Frau verrichtet.«

*26.* Eine aufrechte Haltung trägt zu dem Eindruck von Stolz und Unabhängigkeit bei, den Frauen gern bei Männern erwecken möchten. Sitzen und gebückt gehen ist nicht nur unschön; es erweckt auch den Eindruck von Abhängigkeit.

*27. Normaler Fetischismus:* Wenn man das Ausmaß des normalen Fetischismus* unter den Männern in einer großen Stadt feststellen will, achtet man am besten darauf, wie viele Frauen Schuhe mit hohen Absätzen tragen, denn die hohen Absätze beruhigen die Männer, die unbewußt Kastrationsangst haben (siehe Freuds Schrift über Fetischismus).

*28. Lebensweisheit mit den einfachsten Worten ausgedrückt*: Wenn es sehr heiß ist, geh auf der schattigen Seite der Straße. Wenn es sehr kalt ist, geh auf der sonnigen Seite.

*29.* Ein Mann über andere in seinem Büro: »Die Juden unter ihnen sind herzlich und manchmal sogar hilfsbereit. Sie alle ahnen gar nichts von unserer Einstellung zu ihnen.«

*30.* Ein Börsenmakler über einen Kunden: »Ich weiß nicht viel über ihn, außer daß er sehr viel in gewissen Wertpapieren anlegt, aber ich glaube, er ist Antisemit von Beruf.«

* Siehe meinen Aufsatz »On Universal Fetishism«, in: *The Need to be Loved*, New York 1963, S. 169ff.

*31.* Ein anderer Mann: »Wissen Sie, ich bin nicht religiös. Ich glaube nicht an Gott, aber ich bin ein guter Jude. Wenn man Jude ist, braucht man nicht an Gott zu glauben. Jeder Jude hört in sich den stillen Ruf der Menschlichkeit, die das Wesentliche der Religion ausmacht.«

*32.* »Jeder von uns weiß, daß er nicht ewig leben kann. Könnte er es, würde er vielleicht sein Schicksal verfluchen. Denken sie an Ahasver, der nicht sterben konnte und von Land zu Land wandern muß wie wir Juden alle.«

*33.* Ein Mann über seinen Chef im Büro: »Er ist eine erstaunliche Kombination von Arroganz und Ignoranz.«

*34.* Kindheitserinnerung eines Mannes: »Wenn wir Kinder das Haus unserer Tante betraten, rief sie: ›Schaut, was die Katze da hereingebracht hat!‹«

*35.* Ein ungarischer Flüchtling: »Mein Großvater war ein sehr frommer Mann, und als ich ein Junge war, erzählte er mir oft Fabeln aus dem Talmud. Ich erinnere mich noch, daß er mir sagte, ein Kind werde mit geballten Fäusten geboren, so als wollte es die ganze Welt packen, und ein alter Mann sterbe mit offenen Händen: ›Die Welt war nichts.‹«

*36.* Eine junge Frau, die zwanghaft zur Promiskuität neigt, erzählt von ihrem letzten Abenteuer mit einem Mann: »Ich weiß, daß ich alle meine Chancen verdarb, weil ich gleich bei unserer ersten Verabredung mit ihm ins Bett ging.« Sie wendet sich an den Psychiater: »Aber was hätte ich denn tun sollen? Hätte ich Sie um ein Uhr morgens anrufen und um Rat fragen sollen?«

*37.* Nach der Ermordung von Präsident John F. Kennedy zeigten viele Frauen eine seltsame Art von Trauer, die mit dem Tod des Präsidenten gar nichts zu tun zu haben schien. In zwei solchen Fällen stellte der Analytiker fest, daß die Trauer den Tod eines älteren Bruders in einer Zeit betraf, in der die Frauen noch kleine Mädchen gewesen waren. In dem einen Fall fiel der Bruder im Krieg, im anderen kam er bei einem Unfall ums Leben. Die kleinen Mädchen wußten natürlich damals, daß ihre Brüder tot waren, aber sie hatten kaum stärkere Reaktionen gezeigt. In der Verschiebung auf den Präsidenten, der mit sechsundvierzig ein paar Jahre älter war als die Frauen, fand eine stark verzögerte und verspätete Trauer ihren Ausdruck.

*38.* Ein junges Mädchen, das mit seiner verwitweten Mutter und

Großmutter zusammenlebte, sagte von den häufigen Auseinandersetzungen der beiden Frauen: »Das sind die Streitereien von Verliebten.«

*39.* Ein Internist, Professor an einer Klinik: »Wenn man älter wird, werden die Meinungen, die die Studenten von einem haben, wichtiger als das, was die Patienten von einem denken.«

*40.* Ein Patient sagte mir, daß er nicht einschlafen kann, wenn er die Hände unter der Bettdecke hat. Er selbst führt das auf seine Kindheit und auf die Ermahnungen seiner Mutter zurück, die Hände vom Penis zu lassen. Seine Hände liegen jetzt gewöhnlich in der Nähe des Kopfes, wenn er schläft.

*41.* Ein Patient, der sich für Semantik interessiert: »Wissen Sie, daß die Sprache die psychoanalytische Theorie vom anal-erotischen Charakter zu bestätigen scheint? Besonders die Verbindung zwischen Sparsamkeit oder Geiz und Stuhlverstopfung. Das Wort *close* [verschlossen, »zu«] hat ja auch die Nebenbedeutung ›geizig, sparsam‹.« (Im Deutschen könnte man z. B. an Goethes »Mann mit zugeknöpften Taschen« denken, um eine Verbindung zwischen »zu« und »geizig« herzustellen. Anm. des Übers.)

*42.* Ein Mann, der viele Frauen kennt, versicherte, daß sich Frauen, die sich selbst nicht schön oder hübsch finden, immer von besonders gutaussehenden Männern angezogen fühlen, während die meisten Frauen, die von ihrer eigenen Attraktivität überzeugt sind, weniger auf das Aussehen des Mannes achten.

Derselbe Mann bemerkte während einer anderen psychoanalytischen Sitzung: »Weder Luthers religiöser Eifer noch der Ehrgeiz irgendeines anderen Geistlichen kann es mit der festen Entschlossenheit einer Frau aufnehmen, die es sich in den Kopf gesetzt hat, einen bestimmten Mann zu ›reformieren‹.«

*43.* Eine Frau in den späten Vierzigern: »Als kleines Mädchen hatte ich oft Angst, das Haus zu verlassen. Ich wollte nicht in den Kindergarten gehen und machte schreckliche Szenen, wenn ich in die Schule mußte. Oft hatte ich die Phantasievorstellung, daß ein Erdbeben kommt und mitten im Zimmer einen Abgrund aufreißt, so daß meine Mutter und mein Vater und ich voneinander getrennt werden. Erst viele Jahre später, als ich in psychoanalytischer Behandlung war, dämmerte mir, was diese Kindheitsphantasie wirklich bedeutete. Zwischen meinen Eltern bestand ein heftiger Konflikt, und ich fürchtete immer, daß sie sich trennen könnten –

vielleicht wünschte ich es auch. Gleichzeitig fürchtete ich, daß es zu Hause, während ich in der Schule oder sonstwo war, eine große Szene geben könnte, und ich hatte schreckliche Angst bei dem Gedanken, daß ich bei der Rückkehr von der Schule meine Eltern und mich voneinander getrennt vorfinden würde. Das Erdbeben ist nur der visuelle Ausdruck dieser Befürchtungen. Vielleicht hatte ich damals Bilder von Erdbeben in Illustrierten gesehen.«

*44.* Eine Irin mittleren Alters: »Wissen Sie, ich habe diesen Kampfgeist von meinen Eltern und deren Eltern. Wir Iren haben ihn alle. Mein Vater erzählte mir einmal eine Geschichte von einem Iren, der spät abends auf zwei Gruppen von Männern stieß, die in eine gewaltige Schlägerei verwickelt waren. Er fragte: ›Ist das eine private Auseinandersetzung oder dürfen alle mitmachen?‹«

*45.* Die folgende Schilderung eines Patienten liefert ein gutes Bild von zwanghaften Denkprozessen: »Wissen Sie, mein Gehirn arbeitet immer mit einer hemmenden Verzögerung. Es sind nur flüchtige Gedanken, aber sie haben den Charakter strenger innerer Befehle. Zum Beispiel: Ich gehe von meiner Wohnung zum Lift und möchte mir eine Zigarette anzünden. Dann fällt mir ein: Fang erst an zu rauchen, nachdem du das Haus verlassen hast. Ich muß also warten, bis der Lift heraufkommt und mich hinunterbringt. Dann gehe ich die Stufen hinunter in den Hausflur und hinaus. Jetzt erst erlaube ich mir zu rauchen. Das gleiche Verbot erlebe ich beispielsweise beim Frühstück, wenn ich ein hartgekochtes Ei esse. Mir schmeckt der Dotter am besten, aber ich darf ihn erst genießen, nachdem ich gewissenhaft das letzte Stückchen vom Eiweiß verzehrt habe. Da der Aufschub in meinen Gedanken immer länger wird, frage ich mich, wohin das führen kann. Nur zu einem freiwilligen oder vielmehr unfreiwilligen Verzicht auf Befriedigung, dazu, daß ich mir jede Lust versage – vielleicht sogar im Sexualleben ... Es ist möglich, daß ich zuletzt ein strenger Asket werde.«

*46.* Ein Mann, der sehr viel Unterhaltungsliteratur liest: »Die meisten Frauen mögen keine Kriminalromane, vor allem keine, in denen ein Mord begangen wird. Ich verstehe das, weil die Beschreibung von Mord und Gewalttaten Frauen abschreckt. Was ich nicht verstehe, ist, daß einige unserer besten Kriminalromane von Frauen geschrieben werden, denken Sie an Agatha Christie und andere. Ich möchte gern einmal einige dieser Autorinnen von Kriminalromanen kennenlernen. Vielleicht weisen sie stark männliche Züge auf.«

47. Ein Patient: »Ich ging gestern abend über den Broadway und fühlte mich deprimiert und allein. Kein Mädchen, keinen Freund, keine Verwandten. An der Ecke der 72nd Street las ich eine Werbung in großen Buchstaben auf einer Hauswand: SIE HABEN EINEN FREUND IN DER MANHATTAN BANK. Na siehst du, dachte ich mir, einen Freund hast du immerhin.«

48. Ein Soziologe: »Frauen sind ihrem Temperament nach Konformisten. Sie haben von Natur aus einen starken Herdentrieb – ausgenommen was ihre Kleider, Hüte und so weiter betrifft. Hier möchte jede ein Individuum sein und mit keiner anderen Frau verwechselt werden.«

»Menschen, die den gleichen emotionalen Konflikt haben oder an der gleichen körperlichen Krankheit leiden, sollten nicht zusammengebracht werden. Zuerst besteht natürlich ein gewisses Interesse daran, sich mit den anderen zu vergleichen, aber später langweilen sie sich gegenseitig zu Tode.«

49. Einer meiner begabtesten Schüler, der ein guter Lehrer und Redner ist, hat Schwierigkeiten, wenn er seine oft brillanten Ideen niederschreiben will. Als ihm jemand vorschlug, sich die Sache dadurch zu erleichtern, daß er ein Diktiergerät benutzte, sagte er: »Ich kann zu einer Maschine keine Beziehung herstellen.«

50. Ein Patient in seinen ersten Gedankenassoziationen: »Ich sah gerade in einem Geschäft am Broadway ein Schild mit der Aufschrift NACHERY DEPARTMENT. Ist es nicht merkwürdig, daß so viele jiddische und deutsche Ausdrücke in die Sprache von New York eingedrungen sind? *Naschen* – im Deutschen schreibt man es eben anders – bedeutet heimlich essen, verbotene Speisen genießen, von Süßigkeiten oder Delikatessen kosten. *Nachery* ist eine komische Mischung aus Deutsch und Englisch.«

51. Ein Schüler, der seinen ersten psychoanalytischen Fall behandelt, selbstkritisch: »Der Patient begann mitten in seinen Gedankenassoziationen plötzlich ein Kirchenlied zu singen. Ich sagte zu ihm, das sei ein Ablenkungsmanöver. Jetzt glaube ich, das war ein Fehler. Ich hätte auf den Text dieses Liedes achten sollen.«

Derselbe Schüler ein Jahr später: »Ich fragte den Patienten, ob ihm bewußt sei, daß er während des ganzen Jahres der Behandlung niemals ein freundliches oder dankbares Wort zu mir gesagt hatte, und er antwortete mir: ›Wenn ich etwas Nettes zu Ihnen sagen sollte, müßte ich Ihnen vorher eine herunterhauen.‹«

*52. Kindheitserinnerung*: »Meine Mutter nahm mich einmal in Vaters Büro mit. Ich war damals ein kleiner Junge, und ich war sehr beeindruckt von den vielen Bleistiften und Federhaltern, die er auf seinem Schreibtisch liegen hatte. Sie erschienen mir damals, dessen bin ich gewiß, als Ausdruck seiner Allmacht.«
Eine andere Kindheitserinnerung einer Frau, deren Vater von den Nazis in ein Konzentrationslager in Polen verschleppt wurde, als sie fünf Jahre alt war: »Ich dachte damals, er gehe fort, weil ich ein ungezogenes Mädchen war, und fühlte mich sehr schuldig. Ich hoffte immer, er werde zurückkommen, wenn ich ein gutes, braves Mädchen bin.«
*53.* Ein junger Mann: »Parfüm stört mich an einer Frau und lenkt mich ab. Ich las unlängst, daß der berühmte Point, einer der bekanntesten Vertreter der *grande cuisine* in Frankreich, während der Mahlzeiten keine Blumen auf den Tischen duldete, weil ihr Duft vom Geschmack der Speisen ablenkt. Auf dieselbe Weise mag ich Frauen, die ihren natürlichen weiblichen Geruch haben.«
*54.* Ein Jude, der von einem Streit berichtet, den er tags zuvor hatte: »Er nannte mich einen *son of a gun* [wörtlich »Sohn eines Gewehrs«, hier soviel wie »Alter Gauner«, Anm. des Übers.]. Ich bin nichts dergleichen. Ich habe nie im Leben ein Gewehr abgefeuert. Ich habe auch nie verstanden, was für ein Vergnügen die Leute an der Jagd finden. Ich weiß nur, daß sie für mich kein Vergnügen wäre. Ich las einmal bei Heinrich Heine, daß ihm nicht nach Jagen zumute war, weil seine Vorfahren eher zu den Gejagten als zu den Jägern gehörten.«
*55.* Ein Mann in den Fünfzigern: »Solange man jung ist, möchte man soviel Geld zusammenkratzen, wie man nur kann. Jetzt bin ich reich, und was fange ich mit dem Geld an? Ich zerbreche mir den Kopf darüber, wie ich es so unter meinen Kindern und Enkelkindern aufteilen soll, daß sich keiner benachteiligt fühlt. Zuerst scharrt man es zusammen, dann teilt man es auf – hat das einen Sinn?«
*56.* Ein fettleibiger junger Mann: »Gestern war ich bei meinem Arzt. Er stellte mich auf die Waage und gab mir schließlich den Rat: ›Kauen Sie mehr und essen Sie weniger.‹ Wenn ich Sie richtig verstanden habe, werden Sie mir nun raten: ›Lieben Sie mehr und hassen Sie weniger.‹«
*57.* Eine Jüdin: »Als die Nazis kamen, brauchte ich mich nicht

lange auf die Flucht aus Österreich vorzubereiten. Ich hatte schon die längste Zeit aus dem Koffer gelebt.«

*58.* Ein Mann, der seine Lebensgeschichte erzählt: »Dieser alte Mann gab mir wertvolle Ratschläge und half mir sehr, als ich neu in der Firma war. Ich behandelte ihn kühl und hatte deshalb oft Schuldgefühle, nachdem er plötzlich gestorben war. Was mich so undankbar und unempfänglich für seine Freundlichkeit machte, war nicht Arroganz, sondern Schüchternheit.«

*59.* Ein Psychiater sagte, er habe interessante emotionale Reaktionen beobachtet: »Man braucht nur zu sagen, daß eine Frau nicht sehr feminin oder ein Mann nicht sehr maskulin sei, um ihnen einen Schrecken einzujagen. Es klingt für sie beinahe so, als hätte man gesagt, sie seien kaum menschliche Wesen.«

*60.* Ein interessanter Versprecher unterlief einem Patienten, der zu seinem Psychiater sagte: »Gestern dachte ich darüber nach, wie lange Sie nun schon Psychopath sind – Verzeihung, Psychoanalytiker wollte ich natürlich sagen.«

Derselbe Patient bei einer anderen Gelegenheit: »Ich glaube, die Berufskrankheit der Psychoanalytiker ist die Impotenz. Sie wissen ja, die, die können, tun es, und die, die nicht können, lehren.«

*61.* Ein Patient mit philosophischen Neigungen: »Ich scher' mich den Teufel um die Liebe zur Menschheit. Ich glaube, daß sich hinter einer solchen Phrase die Unfähigkeit eines Menschen verbirgt, seine Frau, seine Kinder, seine Eltern zu lieben.«

...»Ich habe Ihnen einige Zeilen mitgebracht, die Thomas Jefferson im letzten Jahr seiner Präsidentschaft schrieb. Ich habe sie für Sie notiert, damit Sie darüber nachdenken. ›Ich wünsche mir‹, schrieb Jefferson, ›daß nicht nur keine meiner Taten, sondern auch keiner meiner Gedanken unbekannt bleibt.‹ Das war lange vor der Psychoanalyse, nicht wahr?«

*62.* Ein Vortragender an einer Universität: »Ich glaube allen Ernstes, daß die weibliche Mode der kurzen und langen Hosen ebenso wie die Vorliebe für flachbrüstige Frauen in unserer Gesellschaft eine Zunahme der latenten Homosexualität anzeigen.«

In einer Polemik gegen die Psychoanalyse: »Ihr Analytiker seht nicht, wie schwierig es ist, der Mensch zu werden, der man wirklich ist. Es dauert auch lange, anzuerkennen, was man irgendwie schon immer gewußt hat.«

Über eines seiner wissenschaftlichen Projekte: »Eine originale Idee haben, das ist so wie wissen, daß es an einem bestimmten Ort in der Erde vergraben einen verborgenen Schatz gibt. Man muß graben und graben, bis man endlich an ihn herankommt. Oder es ist so wie wissen, daß es in einem Gebiet Öl gibt. Man braucht oft Monate, bis man es an einer bestimmten Stelle findet.«

*63. Zusätze zu Freuds Theorien*: Freud war ein Riese, der gewaltige Felsblöcke an dem Ort zusammentrug, wo er das Haus seiner Theorien bauen wollte. Uns, seinen Schülern, bleibt es überlassen, diese manchmal grob behauenen Steine zusammenzufügen, miteinander zu verbinden, den Zement zu mischen und den Mörtel aufzutragen.

Die folgenden Auszüge aus Vorlesungen in einem Seminar sollen einem solchen Zweck dienen. Ich fand nur Stichworte unter den Notizen in meiner Mappe, und ich will versuchen, sie zu rekonstruieren. Der Mann, den ich im Spiegel sehe, ist mit diesem Versuch nicht zufrieden, aber es ist das beste, was ich im Augenblick tun kann.

Die ersten Bemerkungen betreffen das Tabu zwischen den Geschlechtern und bilden eine sehr nötige Ergänzung zu Freuds Beiträgen zu diesem Thema in seinem Buch *Totem und Tabu* (1912/13). Ich will mit einer relativ frühen Äußerung beginnen. In den *Sprüchen Salomos* findet sich die Warnung: »Laß nicht den Weibern deine Kraft...!« (31,3) Zweifellos meinte das der Weise Salomo, der Sohn Davids und König von Israel und Juda, ursprünglich im buchstäblichen Sinne. Er dachte, der Geschlechtsverkehr schwäche den Mann. Daneben und über diese Überlegung hinaus hat der Satz natürlich noch die Bedeutung, daß die sexuelle Beschäftigung mit Frauen die Energie von wichtigeren Aufgaben im Leben ablenkt. Freud selbst verweist auf die zahllosen Beispiele periodischer sexueller Enthaltsamkeit bei wilden Völkern, die von Frazer zitiert werden, und stellt fest, daß diese sexuellen Einschränkungen auferlegt werden, wenn die Männer auf die Jagd gehen oder in den Krieg ziehen. Er sagt, die hygienischen Gründe für das Verbot müßten zusätzlich zu allen magischen Rationalisierungen berücksichtigt werden, ja er behauptet sogar, daß es der Grundgedanke bei diesen Wilden ist, durch den Verzicht auf die Befriedigung des Geschlechtstriebes mehr Kraft zu erwerben.

An diesem Punkt kehren wir zu dem Satz aus den *Sprüchen* und zu seiner ersten Deutung zurück. Hält man sich an den ökonomischen

Gesichtspunkt, auf den Freud anspielt, so kommt man zu dem Schluß, daß der Geschlechtsverkehr den Mann schwächt, wie es in dem zitierten Satz in der Bibel so klar ausgedrückt wird. Ein solcher Schluß bietet mehrere Vorteile: Er erleichtert das Verständnis einiger neurotischer Symptome und besonders einiger Pubertätsängste heranwachsender Knaben. Ich erinnere mich deutlich an den Fall eines Patienten, der als Junge von zwölf Jahren träumte, er habe Geschlechtsverkehr mit einem Mädchen. Während des Traumes erlebte er seinen ersten nächtlichen Samenerguß. Als er aufwachte, war er traurig, und die Depression dauerte tagelang. Er war überzeugt, daß er seine ganze Männlichkeit mit dieser einen Ejakulation verloren habe und kein »Mann« mehr sei oder jemals sein werde.

Es gilt, genau zu unterscheiden zwischen der zeitweiligen Enthaltsamkeit als einer Art von allgemeiner Kondition und unfehlbarem Geheimmittel für alle wichtigen und kritischen Augenblicke* und dem später entwickelten christlichen Gedanken und Ideal der Keuschheit. Man vergleiche, zum Beispiel, die bei wilden Völkern üblichen Einschränkungen mit dem Bild, das der heilige Hieronymus in dem Brief an die Jungfrau Eustochium (*Enc.* XXII, 87) von seinen Leiden entwirft. Hier einige Sätze, die seinen Kampf um die Enthaltsamkeit beschreiben:

> Oh, wie viele Male, wenn ich in der Wüste war, in dieser weiten Einöde, die, von der Sonnenhitze verbrannt, den Mönchen nur rauhes Obdach bietet, stellte ich mich inmitten der Freuden Roms vor! Ich war allein, denn meine Seele war voll Bitterkeit. Meine Glieder waren mit einem elenden Sack bedeckt und meine Haut war so schwarz wie die eines Äthiopiers. Jeden Tag weinte und stöhnte ich, und wenn mich gegen meinen Willen der Schlaf überkam, lag mein magerer Leib auf der bloßen Erde. Ich sage nichts von Speise und Trank, denn in der Wüste haben selbst Kranke nichts anderes zu trinken als kaltes Wasser, und gekochte Speisen gelten als Schwelgerei. Nun, gerade ich, der ich mich aus Furcht vor der Hölle zu diesem Kerker verurteilte, zum Gefährten von wilden Tieren und Skorpionen, befand mich in meiner Einbildung oft unter Scharen von Mädchen. Mein Antlitz war bleich vom Fa-

* Siehe A. E. Crawleys Artikel über Keuschheit in *Encyclopedia of Religion and Ethics*, Vol. III., S. 481.

sten und mein Geist in einem starren Körper, der schon tot zu sein schien. Da warf ich mich, aller Hilfe entblößt, zu Jesu Füßen nieder, wusch sie mit meinen Tränen und trocknete sie mit meinem Haar und unterjochte mein rebellisches Fleisch durch langes Fasten. Ich entsinne mich, daß ich mehr als einmal schreiend und mich an die Brust schlagend die Nacht zubrachte, bis Gott mir Frieden sandte.

Kein Hebräer und kein Wilder litt je so sehr (wenn überhaupt) unter dem Joch der sexuellen Enthaltsamkeit. In dieser Hinsicht kann die Haltung der frühen Christen mit der heranwachsender Knaben verglichen werden, die um Enthaltsamkeit kämpfen. Sie stellt sozusagen eine religiöse oder kollektive Analogie zum individuellen Verhaltensmuster vieler Knaben in der Pubertät dar.

*64.* Meine zweite Gruppe von Beobachtungen läßt sich am besten durch das oft zitierte Wort Oscar Wildes einleiten, wonach »die Frau eine Sphinx ohne Rätsel« ist. Unser Ausgangspunkt ist eine Frage: Ist nicht der Kern dieses Satzes die unbewußte Vorstellung, daß die Frau ein Wesen ohne Penis ist? Diese Auffassung würde für einen Autor, der homosexuell ist, kaum seltsam klingen. Seine sexuelle Inversion wurde gewiß weitgehend durch die Tatsache bestimmt, daß er bei der Frau das männliche Genitale vermißte.

Kehren wir zurück zu diesem zusammengesetzten Ungeheuer, der (bzw. dem) Sphinx, wie wir sie (ihn) aus der ägyptischen und griechischen Kunst kennen. Ich will gestehen, daß ich auch ein persönliches Interesse an dieser Frage habe. Vor mehr als fünfundvierzig Jahren hielt ich einen Vortrag über Ödipus und die Sphinx in der Wiener Psychoanalytischen Vereinigung.* Damals wies ich darauf hin, daß der frühe Typ der rätselhaften ägyptischen Sphinxe (oder Sphingen) in der ursprünglichen Form selten weiblichen Geschlechts war. Mit ihrem starren Blick sehen sie anders aus als die vielen weiblichen Sphinxe aus dem Mittleren und Neuen Reich Ägyptens. Die Fachleute sagen, daß die weibliche Sphinx-Form ihre Bedeutung in Griechenland erlangte. Aber selbst die weiblichen Sphinxe mit dem Gesicht und den Brüsten einer Frau muten den Betrachter seltsam an. Im *Faust*, in der klassischen Walpurgisnacht, sagt Mephisto:

* 2. Nov. 1919, abgedr. in: *Imago* 2, 1920, und in meinem Buch *Dogma and Compulsion*, New York 1951.

*Du bist recht appetitlich oben anzuschauen,*
*Doch unten hin, die Bestie macht mir Grauen.*

Spätere Formen der Sphinx können als hermaphroditisch bezeichnet werden. Je weiter man in der Geschichte Ägyptens zurückgeht, desto häufiger tritt der männliche Sphinx in Erscheinung.

Was läßt sich aus der selektiven Entwicklung dieser rätselhaften Wesen lernen? Mehreres. Sie waren ursprünglich männliche Ungeheuer, Statuen eines Löwenkörpers mit dem Kopf eines Mannes, eines Widders oder eines Falken. Diese Form wurde später offensichtlich durch die weibliche ersetzt oder mit ihr kombiniert.

Wenden wir uns nun wieder der individuellen Entwicklung, vor allem der des Knaben zu. Wir wissen, daß der kleine Junge allem einen Penis zuschreibt, wie er selbst ihn hat. (Mein Sohn Arthur glaubte als kleiner Junge sogar, daß ein Tisch einen »Wiwimacher« habe, wie er das männliche Glied nannte.) Nur zögernd akzeptierte er den Gedanken, daß Frauen diesen hochgeschätzten männlichen Körperteil nicht haben. Die Vorstellung weckte in ihm die verborgene, aber mächtige Kastrationsangst. Schließlich gelangte er auf dem Umweg über einen Kompromiß beispielsweise zu dem Schluß, daß dem kleinen Mädchen später noch ein Penis wachsen wird. Hier haben wir also eine Analogie zu der Vorstellung von einer hermaphroditischen Form. Die zunehmende Häufigkeit der weiblichen Sphinxformen in Griechenland bezeichnet so die endgültige Übernahme der Vorstellung von der sexuellen Andersartigkeit der Frau. Es kann kein Zufall sein, daß gerade die Griechen, die mehr zur Homosexualität neigten als andere Völker des Altertums, diese anerkannten und akzeptierten.

Nach diesem langen Umweg kehren wir zu unserem Ausgangspunkt zurück. Wir haben die Vermutung ausgesprochen, daß der Kern des Ausspruchs von Oscar Wilde (daß die Frau eine Sphinx ohne Rätsel sei) das unbewußte Erstaunen über ein menschliches Wesen ohne Penis ist. Diese zunächst so unglaubhaft klingende Annahme gewinnt nun an Plausibilität, wenn wir die kollektive Entwicklung der Sphinxfigur mit den individuellen Vorstellungen des kleinen Jungen vergleichen. Wieder finden wir eine Analogie aus dem Bereich der Folklore zur individuellen Entwicklung. Dies ist eine interessante und vielleicht weitreichende Ergänzung zu Freuds psychoanalytischen Theorien.

Eine weitere Beobachtung geht mir noch durch den Kopf, die zu einem Teil der Freudschen Theorien beiträgt. Material symbolisiert in Träumen oft Frauenkörper. Die hohe Wertschätzung der Frauen für materielle Dinge und die Emotionen, die sie erleben, wenn etwa ein Stuhl oder ein Tisch beschädigt wird, scheinen eine solche symbolische Bedeutung zu bestätigen, und eine Bestätigung liefert in diesem Fall auch die Etymologie: Material oder Materie kommt vom lateinischen *materia*, das denselben Stamm hat wie *mater* – Mutter.

Der letzte Zusatz zu Freuds Theorien stellt eine Bestätigung seitens der klinischen Psychoanalyse dar. Es handelt sich um einen Neurosefall. Meine Patientin, die auf die Dreißig zuging, hatte drei Jahre lang ein Verhältnis mit einem älteren verheirateten Mann, der vier Kinder hatte und sich nicht von seiner Frau scheiden lassen wollte, um seine Geliebte zu heiraten. Sein Verhalten zeigte vielmehr an, daß ihm eine Abkühlung ihrer Beziehung willkommen gewesen wäre. Als er meine Patientin zwei Wochen lang weder besuchte noch anrief, beschloß sie, ihn anzurufen. Er war nicht selbst am Apparat, sondern sein jüngstes Kind, ein kleiner Junge, antwortete ihr. Enttäuscht nahm sie eine Überdosis Barbiturate und wurde ins Krankenhaus eingeliefert, wo sie sich langsam wieder erholte: ein klarer Fall eines Selbstmordversuchs durch Vergiften.

Freud wies darauf hin, daß Frauen Gift und den Tod durch Ertrinken anderen Suizidmethoden vorziehen, und er gab dazu die psychoanalytische Erklärung, daß beides eine unbewußte Verbindung mit der Schwängerung hat. Während der psychoanalytischen Sitzungen in diesem besonderen Fall wurde klar, daß das Mädchen, das die Stimme des kleinen Jungen am Telefon gehört hatte, unbewußt ein solches Kind von dem geliebten Mann haben wollte. Die Selbstvergiftung war gleichbedeutend mit einer unbewußten Erfüllung dieses Wunsches und drückte zugleich ihre tiefste Verzweiflung wegen der Hoffnungslosigkeit der Beziehung zu diesem Mann aus.

*65. Erinnerungen an Freud:* Als Sekretär der Wiener Psychoanalytischen Vereinigung fragte ich Freud vor dem Psychoanalytischen Kongreß in Den Haag, was ich dort als Thema seines Vortrags anmelden solle. Er antwortete, er wisse es noch nicht. Später sagte er mir, er habe sich auf seinen langen Abendspaziergängen durch die Straßen von Wien alle seine Ideen durch den Kopf gehen lassen, sie sortiert und über mögliche Gegenargumente nachgedacht. So war in seinem Geist alles bereit, bevor er seinen Vortrag niederzuschreiben begann. Die Manuskripte, die er mir manchmal zeigte, enthielten dann kaum Korrekturen. Er fügte allenfalls noch etwas hinzu, bevor er sie zum Druck gab, nachdem er sie vorgelesen hatte.

Freud zitierte oft Goethe, besonders wenn er in seinem späteren Leben vom vertrauten Kreis seiner Schüler umgeben war: *»Das Beste, was du wissen kannst, darfst du den Buben doch nicht sagen.«* Was meinte er damit? Nach den Eindrücken, die ich bei persönlichen Gesprächen mit ihm gewann, würde ich sagen, er meinte: »Genieße das Leben. Wirf alle überflüssigen und konventionellen Skrupel über Bord. Genieße, was immer das Leben dir zu bieten hat, vor allem den Geschlechtsverkehr.« Der dunkle Hintergrund, vor dem sich solche Bemerkungen abhoben, war natürlich die Todesdrohung.

Freud, der sonst seine Worte sehr sorgfältig wählte, konnte gelegentlich auch vulgäre Ausdrücke gebrauchen, besonders im Gespräch mit Freunden oder Schülern, die er mochte. Zwei solche Gelegenheiten machten einen bleibenden Eindruck auf mich, die eine in der Zeit, als ich ein junger Student der Psychoanalyse war, und die andere, als ich Freud besuchte, um mich von ihm zu verabschieden. Während eines gemeinsamen Spaziergangs durch Wien machte mir Freud Vorwürfe, weil ich meine Energie und meine Arbeit verzettelte, indem ich kleine Artikel und Buchbesprechungen schrieb, anstatt mich ganz auf eine psychoanalytische Schrift oder ein wichtiges Thema zu konzentrieren. »Warum«, sagte er, »pissen Sie überall herum, anstatt auf einem Platz zu bleiben und dort zu pissen?«

Als ich Freud zum letztenmal sah, war er offenbar sehr krank und litt an dem Krebs, der ihn schon so lange quälte. Während unserer Unterhaltung beklagte er sich nicht, aber eine pessimistische Einstellung zum Leben kam in dem Satz zum Ausdruck, den er dann sagte: »Das Leben ist wie ein Kinderhemd: kurz und beschissen.«

Ich muß jedoch hinzufügen, daß solche pessimistischen Augenblicke selten und leicht durch seine Krankheit zu erklären waren. Man denkt an die Worte Ernest Renans: *»Il se pourrait que la vérité fût triste.«* (Es könnte sein, daß die Wahrheit traurig ist.)

Im Zusammenhang mit meinen Erinnerungen an Freud fällt mir eine Anekdote ein, die ihn sehr amüsierte. Sie machte in Wien die Runde und betraf den berühmten (1876 geborenen) Professor der Dermatologie Moritz Oppenheim. Dieser Arzt wurde eines Tages von einer aristokratischen Dame konsultiert, die wegen einer Hautkrankheit ihrer achtzehnjährigen Tochter besorgt war. Der Professor untersuchte das Mädchen, rief die Mutter wieder herein und sagte: »Tut mir leid, Ihre Tochter hat Syphilis.«

»Unmöglich!« rief die entsetzte Gräfin. »Sie hatte nie mit einem Mann zu tun. Sie ist im Sacre-Cœur erzogen worden, und dort hat das Kind nicht einmal einen Mann gesehen!« Aber Professor Oppenheim bestand darauf, daß seine Diagnose richtig war. Schließlich fragte ihn die Gräfin, ob es nicht möglich sei, daß sich das Mädchen auf einer Toilette angesteckt hatte. Oppenheim antwortete: »Möglich schon, aber sehr unbequem.«

66. *Weitere Erinnerungen an Freud:* Bei einem Gespräch mit mir sagte Freud einmal, daß neurotische Menschen im allgemeinen viel jünger aussehen, als sie sind, und sich ihr jugendliches Aussehen länger bewahren als andere.

Ich dachte ursprünglich, ich sei meiner Natur nach nicht imstande, einen Vortrag in aller Form zu halten, und könne nur eine Plauderei liefern, *une causerie*, wie die Franzosen sagen. Dann erinnerte ich mich wieder an meinen ersten Vortrag in der Wiener Psychoanalytischen Vereinigung (das war 1911 oder 1912). Ich las von einem sorgfältig vorbereiteten Manuskript ab. Auf dem Heimweg ließ Freud einige lobende Bemerkungen über den Inhalt des Vortrags fallen, tadelte mich aber, weil ich ihn vom Manuskript abgelesen hatte. Er sagte, man müsse die Zuhörer zu Zeugen der Entwicklung eines Gedankenganges machen und daher eine Rede scheinbar improvisieren. (Freud war ein Meister des Stils, aber kein Redner. Die vielen Bände seiner Schriften, die, wie jemand sagte, »die Welt erschütterten«, wurden nach vielen Stunden psychoanalytischer Praxis entworfen und niedergeschrieben. Er hielt auch ungern Vorträge.) Erst später wurde mir bewußt, welchen Eindruck Freuds tadelnde Bemerkungen auf mich gemacht hatten. Sie hatten mich sozusagen die wahre Gottesfurcht gelehrt. Ich habe seither nie wieder einen regelrechten Vortrag gehalten und mußte mich auf Plaudereien beschränken.

67. Ein älterer Mann über Frauen: »Mit den Frauen geht es einem wie mit den Parkplätzen hier in New York. Wo finden Sie am Abend einen guten Parkplatz in der Innenstadt? An dieser und jener Ecke ist das Parken verboten, wegen eines Hydranten oder einer Bushaltestelle. Dort wäre ein guter Platz, aber ein anderer ist vor Ihnen da.

Manchmal sieht man einen Wagen scheinbar herausfahren, aber das war ein Irrtum, der Fahrer hat es sich anders überlegt und bleibt. Endlich entschließt man sich, den Wagen in einer Garage unterzubringen, und läßt ihn dort nicht ein oder zwei Stunden, sondern länger. Es kostet natürlich viel mehr, den Wagen in eine Garage zu stellen, so wie es viel mehr kostet zu heiraten, als eine flüchtige Affäre zu haben. Schließlich muß man den Wagen dann doch aus der Garage holen, und ein paar Abende später suchen Sie vielleicht erst wieder nach einer Garage, wo Sie ›ein oder zwei Stunden‹ parken können.«

*68.* Ein kleines eigenes Erlebnis: Ich sprach vor einer großen Zuhörerschaft (am Sarah Lawrence College im Juni 1961) und diskutierte die drei Entdeckungen, die den Stolz der Menschen verletzten, nämlich diejenigen, die man mit den Namen Kopernikus, Darwin und Freud verbindet. Plötzlich entfiel mir der passende Ausdruck für diese »Verletzungen«, und ich mußte Umschreibungen gebrauchen. Ich kannte das Wort sehr gut: *mortification* (Mortifikation, Kränkung, Demütigung). Warum hatte ich es vergessen? Mein Gedankengang führte mich zuerst zu dem französischen Wort *mort* (Tod). Erst später fiel mir die exakte Etymologie von *mortification* ein: die lateinischen Wörter *mors* und *facere* – also »totmachen«, töten. Hier ist die analytische Erklärung: Am Beginn des Vorjahres hatte ich einen ziemlich schweren Herzanfall erlitten, und ich muß unbewußt befürchtet haben, er könnte sich wiederholen. Diese unbewußte Angst vor dem Sterben war also das Hauptmotiv für das Vergessen des Wortes. Die Verdrängung des Todesgedankens blokkierte den Weg zur Erinnerung an den Ausdruck *mortification*. Daß das erste, was mir bei der Suche nach dem Wort einfiel, das französische *la mort* war, ist leicht zu erklären, denn ich hatte Französisch schon als Kind gelernt, lange bevor ich Englisch lernte.

Ein anderer Fall von Vergessen ist eng mit derselben Angst verbunden und wird unbewußt von ihr bestimmt. Mein Arzt verschrieb mir Cortison-Tabletten gegen eine Hautinfektion, die als Allergie auf ein Sulfonamid aufgetreten war. Obwohl ich die Bezeichnung Cortison gut kannte, war ich oft sehr verlegen, wenn ich mich in der Apotheke, in der ich alle meine Medikamente kaufe, nicht an den Namen erinnern konnte. Wie im vorher erwähnten Fall war das Vergessen des Namens eng mit einem französischen Wort verbunden, nämlich *cœur* – Herz. Unbewußt erinnerte mich der Name

Cortison (wegen des gleichen Anfangslautes) an *coronar* – was wiederum mit meinem Herzanfall zu tun hatte. Das durch diese Erinnerung bestimmte Vergessen des Namens entspricht der Vermeidung des sehr unangenehmen Gedankens und dem Auftauchen der Befürchtung, daß sich der Anfall wiederholen könnte. All das, obwohl das Wort Cortison natürlich etymologisch nichts mit *cœur* (Herz) zu tun hat und das Medikament nicht gegen Herzleiden verschrieben wird.

*69.* Ein weiteres anschauliches Beispiel für das Vergessen eines Namens: Ich wurde 1963 Professor für klinische Psychologie an der Adelphi University (Garden City, New York). Sooft ich davon sprechen wollte, vergaß ich den Namen Adelphi. Da ich die Kollegen und Studenten dort gut leiden konnte, war das Vergessen sicherlich nicht auf eine Aversion gegen meine neue Tätigkeit zurückzuführen. Bei meiner Suche nach determinierenden Faktoren fiel mir als erstes der Name *Adolf* ein, aber das ist der Vorname des Erzverbrechers, der Millionen Menschen einschließlich meiner Familie – von mir selbst will ich schweigen – soviel Leid zufügte. Ich vergaß Adelphi, weil ich es irrtümlicherweise mit dem verhaßten Namen in Verbindung brachte, mit dem es gar nichts zu tun hatte. Der etymologische Ursprung des Wortes und seine Geschichte sind selbstverständlich nicht der entscheidende Faktor, sondern es ist die Assonanz – Adelphi und Adolf.

*70.* Ein Schriftsteller sagt: »Unlängst mußte ich einen Roman lesen, den ich vor fünf Jahren veröffentlicht habe. Ich fühlte während der Lektüre ein starkes Unbehagen, ganz abgesehen von der Unzufriedenheit, die jeder Autor erlebt, wenn er eines seiner Bücher noch einmal liest und erkennt, daß er es viel besser hätte schreiben sollen. Es war nicht nur das, sondern das, was da geschrieben stand. Es schien da etwas zu geben, was nicht ich, sondern ein Fremder ausgedrückt hatte, und dieser Fremde war ganz und gar kein interessanter Mensch. Am Ende war ich einfach gelangweilt, und es war mir völlig gleichgültig, was mit den Personen des Romans geschah. Ja ich fragte mich sogar, wie sie andere Leser interessieren konnten.«

Derselbe Autor: »Ich zweifle nicht daran, daß ich ›ankommen‹ werde, wie man so sagt. Es fragt sich nur, wann und in welcher Verfassung. Einen Bergsteiger, der endlich den Gipfel erreicht und dort oben tot umfällt, sollte man nicht beneiden.«

*71.* Klage eines alten Mannes: »Wissen Sie, wenn man alt wird, fragt man sich oft, ob man noch alle Körperteile hat, weil sie einen im Stich lassen. Die Beine wollen mich nicht mehr tragen, die Eingeweide funktionieren nicht so recht, und der Penis weigert sich zu stehen.«

72. Ein Psychoanalytiker berichtet: »Kurz nachdem mein Patient in der psychoanalytischen Sitzung zu sprechen begonnen hatte, nahm ich die Brille ab, hauchte auf die Gläser und putzte sie mit meinem Taschentuch. Der Patient wurde wütend auf mich, weil er überzeugt war, daß ich gegähnt hatte. Ich konnte ihm nicht klarmachen, daß ich nichts dergleichen getan hatte. Er bestand darauf, daß er mich langweilte. Ein klarer Fall von unbewußter Projektion. *Er* langweilte sich.«

73. Ein Mann mittleren Alters über seine Kinder: »Ich verstehe diese ganze neue Generation nicht. Sie denken, Geld sei schmutzig. Sie glauben auch, Geld verdienen bedeute, sich schmutzig zu machen.«

74. Ein Patient: »Ich hatte meine ersten Erektionen, als ich als Junge das Treppengeländer hinunterrutschte.«

75. Ein junger Mann: »Ich ging an einem Kino vorbei und blieb stehen und sah die Kassiererin an. Sie dachte, ich wollte mit ihr flirten, aber ich fragte mich nur, wie sie in den Glaskasten hineingekommen war, bis ich annahm, daß es eine kleine Tür geben mußte, die ich nicht sah. Dann fragte ich mich, ob sie es im Winter da drinnen nicht kalt hatte.«

76. Ein Mann über seinen Chef: »Er verbindet das Maximum an guten Absichten mit einem Minimum an gesundem Menschenverstand.«

77. Ein Mann nach einer Diskussion mit einem anderen Mann: »Später, zu Hause, dachte ich darüber nach. Was mich verbitterte, war nicht, daß er mit seiner Anschauung unrecht hatte, sondern daß das, was er gesagt hatte, zum Teil stimmte.«

78. Ein Patient in mittleren Jahren zum Psychoanalytiker: »Sie sagen mir immer, ich soll die Wirklichkeit akzeptieren. Aber ich sage Ihnen, daß das Hauptmerkmal der Wirklichkeit ihre Widerlichkeit ist, und die will ich nicht akzeptieren.«

79. Ein Psychiater: »Ich bin ehrlich davon überzeugt, daß Freud die Macht der Gier in der Seele des Menschen nicht richtig – das heißt, nicht hoch genug – eingeschätzt hat.«

80. *La petite différence.* Aus einem Gespräch mit einem alten Arzt:

»Sie sprechen von dem ›kleinen Unterschied‹ zwischen Männern und Frauen. Wissen Sie, daß Jacques Loeb, einer unserer größten Forscher auf medizinischem Gebiet, sagte: ›Physiologisch gesehen, sind Männer und Frauen zwei verschiedene Spezies‹? Er meinte natürlich so verschieden wie Tiger und Bären. Wenn das so ist, warum setzt man dann nicht voraus, daß Männer und Frauen auch in ihrem emotionalen und geistigen Leben verschieden sind?«

*81.* Ein alter Mann: »Ich habe das ewige Gerede vom Zusammensein satt und ziehe oft das Alleinsein vor.«

»Als ich jung war, hatte ich ein außergewöhnlich gutes Gedächtnis. Ich glaube, ich hätte das Telefonbuch von Manhattan nach aufmerksamer Lektüre auswendig hersagen können.«

*82.* »Die Franzosen sagen, abzureisen bedeute ein wenig zu sterben. (*Partir, c'est un peu mourir.*) Aber zusehen, wie ein geliebter Mensch im Zug davonfährt, bedeutet mehr als das: Es ist, als wäre man bei seinem Begräbnis zugegen.«

*83.* Meine früheste Erinnerung an meinen Großvater ist, daß ich als sehr kleiner Junge in einem Garten spielte und er mich fragte, was ich da im Gras machte. Ich sagte: »Ich fange die Schnecke da«, und er antwortete: »Dann mußt du dich aber beeilen, sonst läuft sie dir davon.«

*84.* Ein Anthropologe: »Das Telefon ist nur der neueste Ersatz für die Signaltrommeln der afrikanischen Stämme.«

*85.* Ein Mann mittleren Alters: »Es gibt Leute, die hassen alle, manchmal sogar sich selbst. Wie recht sie doch haben!«

»Oft sind die notwendigsten Waren viel zu teuer. Ich denke jetzt natürlich an die psychoanalytische Behandlung.«

*86.* Ein Psychologe: »Es gibt keine Wunder für Ungläubige, aber es gibt auch keine Wunder für kleine Kinder.«

*87.* Ein Patient, Junggeselle: »Das Gras auf der anderen Seite des Weges wird nicht nur immer grüner, sondern es verlockt auch immer mehr dazu, mit einem Mädchen darin zu liegen. Aber hinterher scheint das Gras weniger verlockend zu sein als vorher – und das Mädchen auch.«

*88.* Ein Ausländer, der viele Monate in diesem Land gelebt hatte, bemerkte: »Die Amerikaner gehen auf so viele Partys und suchen so viele Möglichkeiten, mit anderen zusammen zu sein, daß ihnen gar nicht bewußt wird, wie einsam sie sind. Sie flüchten einfach in die Gesellschaft.«

*89.* Ein Psychiater berichtet von einer Konsultation mit einem Patienten tags zuvor: »Vor ein paar Tagen rief mich ein Mann aus San Francisco an und fragte, ob ich ihn empfangen könne, da er nur einen Tag in New York sein werde. Ich gab ihm einen Termin, und er sagte, ich sei ihm empfohlen worden. Er kam pünktlich. Er war ein Jude mittleren Alters. Er sagte mir, daß er ein sehr armer Junge gewesen war und sich hinaufarbeiten mußte. Mit elf Jahren hatte er begonnen, Geld zu verdienen. ›Ich arbeitete wie ein Wilder‹, sagte er, ›um Geld zu verdienen, meinen Kindern die beste Ausbildung zu geben und gut für sie und meine Frau zu sorgen. Ich wurde reich, sehr reich. Ich spende jüdischen philanthropischen Einrichtungen jedes Jahr eine Menge Geld. Aber wozu das alles? Ich bin jetzt fünfundfünfzig Jahre alt und seit zwei Jahren völlig impotent. Nicht nur bei meiner Frau, bei jeder Frau.‹
Ich war erstaunt und fragte ihn, warum er sich nicht gleich einer Behandlung unterzogen hatte, und er antwortete, daß er in der Nähe seines Wohnorts keinen Psychiater aufsuchen könne, weil sich das sofort herumsprechen würde. Ich riet ihm, einen Psychiater zu konsultieren, der in einer von seinem Wohnort nicht zu weit entfernten Stadt lebt, und versicherte ihm, daß dieser mir seit Jahren bekannte Arzt zuverlässig, erfahren und absolut diskret ist. Er fragte mich dann, wieviel er mir schuldete, und ich sagte ›fünfundvierzig Dollar‹. Er nahm seine Brieftasche heraus und legte eine Hundertdollarnote auf meinen Schreibtisch. Ich wollte ihm herausgeben, aber er sagte ›Lassen Sie mich in Ruhe‹ und stürzte hinaus.«
*90.* Vor beinahe zweihundert Jahren schrieb Jean Paul, der Schlaf, der Reichtum und die Gesundheit müßten unterbrochen werden, um wirklich genossen zu werden. Dieser Satz ist ebenso psychologisch korrekt wie erstaunlich. Selbstbeobachtung und die Beobachtung anderer bestätigen seine Richtigkeit. Warum ist die Unterbrechung nötig? Weil uns nur durch sie bewußt wird, wie schön es ist zu schlafen, reich und gesund zu sein. Oder ist es vielleicht das Gefühl, daß wir nicht träumen, daß alles Wirklichkeit ist?
*91. Ständig wiederkehrende Gedanken:* Es gibt in einem kurzen Satz formulierte Gedanken, die sich endlos wiederholen. Sie sind so hartnäckig wie eine Schallplatte, wenn die Nadel an einer bestimmten Stelle hängengeblieben ist.
*92.* Ein Patient erzählte mir eine Kindheitserinnerung. Er saß in der

Kirche und hörte einem Priester zu, der zur Gemeinde sprach und die Gläubigen fragte, was sie tun werden, wenn sie ihrem Schöpfer gegenübertreten. Der Patient, damals ein kleiner Junge, verstand die Frage in dem Sinne, was er nachher tun werde, wenn er seinem Vater begegnete.

*93.* Ein Patient mittleren Alters: »Ich las gestern eine Liebesgeschichte. Darin führt ein junger Mann eine Frau zum Essen aus, und danach gehen sie ins Theater. Alles ist lebhaft beschrieben – ihre Gespräche, ihre Vertrautheit, ihre Eindrücke und schließlich die Liebesszene. Wissen Sie, was ich vermißte? Da stand kein Wort über die Speisekarte im Restaurant und darüber, was die beiden aßen. Sie lachen? Was ist daran so komisch? Sie werden sich erinnern, daß Napoleon, der gewiß ein großer Feldherr war, einmal bemerkte, daß eine Armee auf ihrem Magen marschiert.«

*94.* Ein Schriftsteller: »Niemand in Amerika kümmert sich mehr um Stil. Die einzigen, die noch Wert darauf legen, sind, glaube ich, die Damenfriseure (engl. hair-*stylists*. Anm. des Übers.).«

*95.* Ein Psychoanalytiker, der das Auftreten unbewußter Schuldgefühle erklärt: »Nehmen wir an, Sie gehen den Broadway entlang, und ein Mann vor Ihnen tritt Ihnen auf die Zehen. Sie haben Hühneraugen und der Schmerz ist unerträglich. Sie haben, was diesen Fremden betrifft, einen einzigen Gedanken: ›Verrecke!‹ Dieser Impuls macht Ihnen später nicht mehr zu schaffen. Nehmen wir aber an, ein so mörderischer Gedanke richtet sich gegen Ihre Frau, Ihre Eltern, Ihre Kinder – das ist etwas ganz anderes. Der Impuls zirkuliert in Ihnen, er hat eine dynamische Wirkung, er verursacht einen emotionalen Konflikt. Worin liegt der Unterschied? Der Fremde auf dem Broadway ist Ihnen völlig gleichgültig, aber Sie lieben Ihre Frau, Ihre Eltern, Ihre Kinder.«

*96.* Ein Anwalt, der von einem Prozeß kommt, den er verloren hat: »Während ich hierherfuhr, dachte ich mir, daß ich in der Verhandlung zwei Fehler gemacht habe. Der Anwalt der Gegenpartei ist ein Ire, der nicht nur Unverfrorenheit, sondern auch Charme besitzt. Er begann mich zu reizen, und ich reagierte erregt, anstatt ruhig zu bleiben. Ich hätte den Mistkerl umbringen können. Das muß man meinen Antworten auf seine Fragen angemerkt haben. Es sah nicht gut aus. Mein zweiter Fehler war, daß ich bei der Befragung der Zeugen zu gescheit war – das heißt, ich zeigte, wie gescheit ich bin. Ich glaube, das hat den Geschworenen nicht gefallen.«

*97.* Ein Mann in den Dreißigern: »Ich lebe von den Überresten der Träume von Ruhm, die ich als Teenager hatte.«
*98.* Ein Mann über eine gewisse Frau: »Ich eifersüchtig? Auf wen? Man kann nicht auf ein Regiment Soldaten oder auf die Bewohner eines Vorortes eifersüchtig sein.«
*99.* »Es gibt Liebesaffären, die fortgesetzt werden, nachdem ihre Triebkraft längst erschöpft ist. Sie gleichen leeren Schalen, die einmal köstliche Früchte enthielten.«
*100.* Ein Psychoanalytiker, der von einem Fall berichtet: »Ich beging einen entscheidenden Fehler, als ich mein Honorar festsetzte. Ich sagte dem Patienten, es betrage zwanzig Dollar pro Sitzung, aber er bat mich um einen Nachlaß, da er nicht genug verdiente. Ich berechnete ihm also fünfzehn Dollar. Wenn er jetzt, beinahe ein Jahr später, besonders kritisch gegen mich eingestellt ist, nennt er mich einen Billigangebot-Analytiker.«
*101.* Ich las in einem deutschen Buch über Psychologie, das von David Katz und seiner Frau geschrieben wurde, die interessanten und originellen Beobachtungen, die sie über ihren kleinen Sohn berichten. Da finden sich, zum Beispiel, gute Hinweise auf den Zeitsinn von Kindern. Der Junge, der einige biblische Geschichten kannte und wußte, daß der Vater am Ersten Weltkrieg teilgenommen hatte, fragte seinen Vater David, ob er auch gegen Goliath gekämpft habe. Und ist es nicht rührend, wenn der Junge die Mutter fragt, ob sie für Vater auch die Knöpfe annähte, als *er* ein kleiner Junge war? Die Kinder wurden aufgeklärt, aber dann wollte der Junge wissen, wie Babys angezogen sind, wenn sie aus dem Schoß der Mutter gekrochen kommen. Ich hörte von einem anderen kleinen Jungen, der an einem kalten Wintertag den zu Wasserdampf kondensierten Atem aus seinem Mund kommen sah und zu seiner Mutter sagte: »Schau, wie staubig ich innen bin!« Wie schade, daß die Originalität der Beobachtungen und Gedanken der Kinder so bald verlorengeht!
*102.* Ein Patient erinnert sich: »Als ich auf die Zwanzig zuging, glaubte ich, jedes Mädchen heiraten zu müssen, mit dem ich Geschlechtsverkehr hatte. Jetzt, in meiner Psychoanalyse, verstehe ich, daß diese Anschauung auf meine Kindheit zurückgehen muß. Damals sah ich in der Sexualität etwas Schmutziges wie das Urinieren und Defäkieren. Ich muß als Kind gedacht haben, daß man so schmutzige Dinge nur zusammen tut, wenn man verheiratet ist.«

*103.* Ein Mann über einen anderen: »Er ist nicht nur Kassierer in der Bank, sondern auch ein Dichter. Er schreibt Verse, aber ich bezweifle, daß er selbst sie versteht – von anderen ganz zu schweigen.«
Über einen sehr alten Herrn: »Ich nehme an, er ist schon sehr senil. Er erzählt auf jeder Party dieselbe Geschichte. Ich habe sie nun schon mehrere Male gehört. (Es folgt ein nicht übersetzbarer Wortwitz. Der Mann sagt, er wünschte, die Geschichte wäre nur *twice-told*, was wörtlich »zweimal-erzählt« und im übertragenen Sinne »abgedroschen« bedeutet. Anm. des Übers.)
*104.* Ein emotionaler Unterschied, der in der Psychologie der Geschlechter vernachlässigt wurde, ist die Verschiedenartigkeit der sexuellen Phantasien. Wenn man den Durchschnittsmann und die Durchschnittsfrau betrachtet und ungewöhnliche Umstände (menstruelle Erregung bei Frauen, hohes Alter bei Männern) beiseite läßt, gelangt man zu folgenden Schlüssen: Bei den Phantasien des Mannes beginnt der Tagträumer mit der visuellen Vorstellung sexueller Situationen, und nur selten und flüchtig tauchen Bilder von der Werbung um eine Frau auf. Weibliche Phantasien beginnen im allgemeinen mit Bildern von einem Mann, der um die Frau wirbt, sie bewundert, ihr sagt, wie sehr er sie liebt, ihr Kosenamen gibt, sie streichelt und küßt. Der Übergang von der Zuneigung und dem Ausdruck der Liebe zur sexuellen Erregung ist viel langsamer als beim Mann und entwickelt sich nur allmählich. Bei manchen weiblichen Phantasien wird die Zurückhaltung der Frau selbst zu einem retardierenden Faktor. Daß sie am Ende doch nachgibt, steigert ihren Genuß. Bisher wandte sich die Aufmerksamkeit von Psychoanalytikern und Psychologen meistens den verschiedenen Verhaltensmustern der Geschlechter zu, ihren Handlungen vor, während und nach dem Geschlechtsverkehr. Eine psychoanalytische Erforschung der Unterschiede in den sexuellen Phantasien der Geschlechter verspricht entscheidende Einsichten in ihre psychologische Verschiedenheit.
*105.* Ein alter Musiker: »Alles, was man lernt, kommt zu spät im Leben. Wissen Sie, daß Beethoven in der Periode seiner letzten Quartette einmal sagte, er verstehe erst jetzt, wie man komponieren müsse? Auch was die Liebe betrifft, lernt man die beste Technik erst, wenn die Fähigkeit, sie anzuwenden, schwindet.«
*106.* Ein Psychoanalytiker berichtet in einem Seminar von dem Fall

eines homosexuellen Schriftstellers, dessen Sexualobjekte zumeist junge Männer im College-Alter waren. Als eines seiner Stücke erfolgreich aufgeführt wurde, lud ihn eine Universität ein, Vorlesungen über Schauspieldichtung zu halten. Er war nun von lauter jungen Männern des Alters und der Stellung umgeben, die er als Liebesobjekte bevorzugte. Die Studenten kamen zu ihm, um sich Ratschläge und Anleitungen bei ihren Versuchen, Stücke zu schreiben, zu holen. Obwohl er viele Gelegenheiten hatte, sich ihnen zu nähern, machte er davon keinen Gebrauch und fühlte sich glücklich in der Rolle des Lehrers und Helfers. Er war über seine veränderte Haltung selbst erstaunt und versicherte, daß nun der *eros paidagogikos* (nach dem Ausdruck Platons) seine Beziehung zu jungen Männern beherrschte.

Bei einer anderen Gelegenheit bemerkte derselbe Mann: »Die Frauen gebrauchen nicht nur ihre Intuition, wenn sie erraten, was in einem Mann vorgeht, sondern auch fortwährende kluge Beobachtung. Von dem Verhalten eines Mannes, der sie interessiert, entgeht ihnen sehr wenig, und sie lassen sich von den durch Beobachtung gewonnenen Daten leiten. Sie deuten sie richtig, oft ohne zu wissen, was sie eigentlich beobachtet haben.«

*107.* Ein Mann mittleren Alters: »Mein Arzt sagte mir, ich hätte mindestens zehn Pfund Übergewicht und dürfe nur noch zehn Zigaretten täglich rauchen. Das paßte mir nicht. Aber dann bekam ich diese scheußliche Mund- und Racheninfektion. Ich konnte nur flüssige Nahrung zu mir nehmen, weil mir andere Speisen weh taten. Die Wärme der Zigarette war mir im Mund unerträglich. Ich verspürte nicht den Wunsch zu rauchen. Ich fragte mich, ob Gott nicht ein boshafter Dämon ist, der unsere Wünsche erfüllt, wenn es zu spät ist.«

*108. Eine Erinnerung an Freud:* Freud behauptete, solange das Schuldgefühl eines Patienten unbewußt sei, könne man es nicht behandeln. Es muß bewußt sein und seine Gegenwart und Wirkung durch selbstzerstörerische Handlungen ausdrücken. Es muß offen sichtbar werden, sonst, sagte er, ist es, »wie wenn man mit einem Neger in einem Tunnel ringt«. Bei einer anderen Gelegenheit sagte er in bezug auf denselben dynamischen Prozeß: »Man kann nicht jemanden töten, der nicht da ist.« Erst wenn das Schuldgefühl bewußt ist, kann es emotional beherrscht und überwunden werden.

Dies ist vielleicht der richtige Augenblick, um auf die Gabe des anschaulichen Vergleichs zu sprechen zu kommen, von der Freud so oft Gebrauch machte. Er erzählte mir einmal, daß er über solche Vergleiche viel von William James gelernt hatte, den er bewunderte und dessen Bekanntschaft er anläßlich seiner Reise in die Vereinigten Staaten gemacht hatte. Wir, Freuds Wiener Schüler, imitierten ihn, was diese Vergleiche anbetraf, oft bewußt oder unbewußt. Ich brauche nicht eigens zu sagen, daß unsere Versuche weit weniger erfolgreich und originell waren. Als Beispiel für einen solchen Versuch will ich einen Vergleich anführen, den ich selbst anstellte, um den Studenten in einem meiner Seminare die Dynamik der Verdrängung und der bewußten Kontrolle zu veranschaulichen. Ich verglich die Person, die einen unangenehmen Impuls oder Gedanken verdrängt, mit einem Mann, der vor dem Schaufenster von Tiffany's steht und sich versucht fühlt, ein Diamantenkollier zu stehlen, das dort ausgestellt ist. Der Mann sagt sich vielleicht: »Ich könnte die Scheibe einschlagen und es nehmen.« Dann bedenkt er die Folgen einer solchen Tat. Er wird vielleicht gefaßt und endet im Gefängnis. Er könnte auch an den Schaden denken, den er anderen durch den Diebstahl zufügt. Diese Überlegungen halten ihn davon ab, seinem Impuls zu folgen, und dieser Fall würde dann dem Prozeß der bewußten Kontrolle entsprechen. Was liegt aber vor, wenn der Mann wie von Furien gehetzt von Tiffany's weg und die Fifth Avenue hinunterrennt? Diese blinde Flucht vor dem Verbotenen wäre dem Prozeß der Verdrängung analog.

*109. Ein weiterer Vergleich Freuds:* Freud sagte uns, daß eine Familiensituation, in der die Mutter eines Jungen auf strenger Disziplin besteht, während der Vater gütig und nachsichtig ist, oft die Voraussetzung für eine spätere homosexuelle Neigung des Jungen schafft. Er verglich diese emotionale Situation und ihre Nachwirkungen mit der Art, in der ein Tourist die Pyramide von Gizeh erklimmt. Diese alte ägyptische Pyramide hat sehr hohe Stufen. Dem Touristen wird das Klettern dadurch erleichtert, daß ein Araber auf der Stufe über ihm und ein zweiter unter ihm steht. Der eine zieht ihn hinauf, der zweite schiebt von unten nach, und so gelangt der Besucher auf die Pyramide hinauf. Zu diesem Vergleich erklärte Freud, daß die Strenge der Mutter dem kleinen Jungen Angst macht und ihn wegschiebt, während ihn die Güte und Permissivität des Vaters anzieht.

*110.* Ein Schriftsteller: »Männer sind nur selten auf Frauen neidisch.

Hier ist eine Ausnahme: Ich sah gerade eine junge Frau, die ihr Kind auf den Armen über die Straße trug. Da fiel mir ein, was für armselige Geschöpfe wir Männer, verglichen mit den Frauen, sind. Selbst wenn wir eine wunderbare Sinfonie komponieren, ein vorzügliches Stück schreiben, ein Meisterwerk malen oder eine großartige Brücke bauen. Was ist all das verglichen mit der Erschaffung eines Kindes. Wir Männer schaffen sogar im besten Falle nur das Zweitbeste.«

*111.* Ein Mann in den späten Vierzigern mit homosexuellen Neigungen: »Ich ging durch die 42nd Street und schielte nach Männermagazinen und Bildern von Schwulen, aber ich beherrschte mich, denn ich muß meine Kraft für meine Frau aufheben. Allerdings stellt sie keine großen Forderungen an mich. Entweder hat sie gerade ihre Regel bekommen, oder sie ist müde, oder sie hat eine ihrer häufigen Erkältungen.«

*112.* Ein Patient zum Psychiater: »Es ist komisch, daß einem, der exzentrisch ist oder sich sonderbar benimmt, alle anderen Menschen merkwürdig und unverständlich vorkommen...! Was meinen Sie, wenn Sie sagen, ich hätte keinen Kontakt mit der Wirklichkeit? Den haben auch die Dichter nicht, die großen Maler, alle großen Wahrheitssucher. Wenn ein Mensch ständig mit der Wirklichkeit Kontakt halten müßte, würde er bald verrückt werden.«

*113.* Eine Patientin erinnert sich: Sie erfuhr im Alter von sechs Jahren, daß ihr Vater schon einmal verheiratet gewesen war, bevor er ihre Mutter zur Frau nahm. Seine erste Frau war gestorben. Das kleine Mädchen war zutiefst schockiert, und ihre Mutter tat ihr leid. »Wie konnte Vater Mutter etwas so Schreckliches antun?« Im späteren Leben der Patientin machte sich ein seltsamer Wiederholungszwang bemerkbar, dasselbe Verhalten in gewissen Situationen, auch wenn die Protagonisten ganz andere waren. Drei Beispiele für ihre Einstellung: Sie hatte eine sexuelle Beziehung zu einem Mann, der mindestens zwanzig Jahre älter war. Diese Beziehung ging jedoch nie über das Stadium des »Pettings« hinaus. Obwohl die Frau jahrelang von der Hoffnungslosigkeit dieses Verhältnisses überzeugt war, konnte sie es nicht beenden... In ihrer schlecht bezahlten Stellung, in der es für sie keine Aufstiegsmöglichkeiten gab, tat und verdiente sie im vierten Jahr dasselbe wie im ersten, und obwohl sie klar erkannte, daß sie kündigen sollte, blieb sie. Schließlich unterzog sie sich einer Psychotherapie bei einem Psychiater, der sie – so wie sie die Dinge sah – nicht richtig behandelte. Trotzdem konnte sie die Behandlung nicht aufgeben und blieb mehrere Jahre. Zuletzt wurden alle drei Situationen durch Einflüsse von außen beendet. Einer der dynamischen Faktoren des seltsamen Verhaltens war, wie die Psychoanalyse zeigte, ihre unbewußte Identifizierung mit dem Menschen, den sie hätte verlassen sollen (d. h. mit dem quasi-platonischen Liebhaber, dem unfreundlichen Chef und dem unbefriedigenden Psychiater). Sie versetzte sich unbewußt an seine Stelle, stellte sich vor, wie er leiden würde, wenn sie ihn verließe, und fühlte sich bei diesem Gedanken schuldig und elend. Sie dachte: »Wenn ich er wäre...«

*114.* Ein Psychiater in einem Seminar: »Shakespeare und andere Dichter vergleichen die Liebe mit einer Psychose und die Liebenden mit Wahnsinnigen. Ich denke, der Vergleich mit manchen Infektionskrankheiten wäre viel passender. Wie Sie wissen, haben die einen eine längere und die anderen eine kürzere Inkubationszeit. Die Krankheiten werden auf verschiedene Weise übertragen. Manche, wie die Grippe, durch Einatmen. Denken Sie an Lohengrins Arie ›Atmest du nicht dieselben Lüfte‹. Die meisten dieser Krankheiten werden durch Berührung übertragen. Man denke daran, daß man die Hand des Liebesobjekts berührt. Ich will mich nicht auf eine Erörterung der Ähnlichkeit der Symptome einlassen, sondern nur voraussagen, daß ein imaginärer Arzt der Zukunft feststellen wird, daß der typische Fieberanfall auch eine Abwehrmaßnahme ist. Glauben Sie bitte nicht, daß dieser Vergleich willkürlich sei! Shakespeare selbst läßt Antonius in *Antonius und Kleopatra* sagen:

...Fortan
Schreck dich in Fieber jede Damenhand
Und schüttle dich der Anblick.« (III, 11)

*115.* Mann und Frau sind wie zwei Planeten, die sich auf verschiedenen Umlaufbahnen bewegen und nur manchmal zusammentreffen.

*116.* Ein Patient über einen anderen jungen Mann, den er der Grausamkeit gegenüber Frauen beschuldigte: »Er hatte dieses Mädchen bald satt und verließ sie. Er sagte zu ihr: ›Du solltest mit vielen jungen Männern ausgehen.‹ Er warf sie sozusagen den Wölfen vor.«

»Ich las, daß Madame de Staël, die sehr häßlich war, schöne Arme hatte und sie gern nackt sehen ließ. Sie sagte: ›Man zeigt sein Gesicht, wo man es hat.‹«

*117. Am Anfang.* Der beste Rat, den man einem jungen Psychoanalytiker am Beginn der Behandlung von Patienten geben kann, lautet: Warte und sieh und höre. Er muß lernen, seinen therapeutischen Eifer und seinen Wunsch, beim Patienten eine Besserung festzustellen, zu zügeln. Diesen Rat hat schon einer der Minister Napoleons vorweggenommen, der sagte: »Es tut dringend not zu warten.«

*118. Disziplin:* Einer Lehrerin gelang es nicht, in ihrer Klasse die Disziplin aufrechtzuerhalten, und ihre Schüler waren oft rebellisch. Obwohl sie rein verstandesmäßig wußte, durch welche Mittel sie ihre Autorität durchsetzen konnte, war sie nicht imstande, sie auch anzuwenden. Als sie einmal in einer psychoanalytischen Sitzung von der Notwendigkeit der Selbstdisziplin sprach, tauchten einige Kindheitserinnerungen auf, die zeigten, daß sie selbst lange ein rebellisches und widerspenstiges Kind gewesen war. Ihre gegenwärtigen Schwierigkeiten gehen auf ihre unbewußte Identifizierung mit ihren Schülern zurück.

*119. Die unsichtbare Brücke:* Die Patientin, ein junges Mädchen, ist sehr eifersüchtig wegen ihres Freundes, zu dem sie sexuelle Beziehungen unterhält. Aber sie selbst machte ihn mit verschiedenen Mädchen bekannt, mit denen er dann Affären hatte, und förderte so unbewußt die Beziehungen zwischen ihrem Freund und ihnen.

Der Fall liegt im wesentlichen nicht anders als der zweier Soldaten, die in ein Bordell gehen und mit derselben Prostituierten Geschlechtsverkehr haben. Beide sind latent homosexuell, und in beiden Fällen bildet dasselbe Objekt eine unbewußte, unsichtbare Brücke zwischen den beiden.

*120. Nicht von sich selbst sprechen:* Der große französische Schauspieler Coquelin sagte gern, er spreche nie von sich selbst (*»Je ne parle jamais de moi.«*), und fügte hinzu: »Warum?« Darauf erklärte er lang und breit diesen charakteristischen Zug, nie von sich selbst zu sprechen. Das sind die gewundenen Wege der Eigenliebe.

*121.* Baudelaire beschrieb einmal das Benehmen Victor Hugos in Brüssel: der Romancier stürzte sich in einen der langen Monologe, die er Konversation nannte. Man begegnet auf vielen Partys Leuten, die einen in eine Konversation dieser Art verwickeln, bei der man nicht die geringste Chance hat, auch einmal ein Wort anzubringen.

*122. Ein Walzer.* Um 1900 wurde in Paris ein Walzer berühmt. Sein Text lautete:

*En vain dans mes yeux distraits*
*Tu cherches à lire en moi-même.*
*Tu voudrais savoir si je t'aime,*
*Mais tu ne sauras jamais.*

(Vergeblich versuchst du in meinen zerstreuten Blicken in mir zu lesen. Du möchtest wissen, ob ich dich liebe, aber du wirst es nie erfahren.)
Jean Cocteau, der sich (1955 in seinem Nachruf auf die Colette) an diese Zeilen erinnerte, meinte, ihr Erfolg sei darauf zurückzuführen, daß sich in ihnen *la grande tactique* der Frauen ausdrückt. Sie können vortäuschen, einen Mann zu lieben, den sie nicht lieben, und sie können es verbergen, wenn sie lieben.
*123. Ein Dialogfragment:* Ehemann bei einem Streit: »Was du in einem Notfall vor allem zu retten versuchst, ist dein Gesicht.« Die Frau: »Würde das nicht jede Frau tun? Es ist das Wichtigste, was sie hat.«
*124. Ein weiteres Dialogfragment:* Ein Gast, der etwas zu früh kommt, zur Gastgeberin: »Wie geht es Ihnen?« Die Gastgeberin: »Im allgemeinen gut, aber heute bin ich deprimiert.« Der Gast: »Wenn man so hübsch gekleidet ist wie Sie heute abend, kann man nicht sehr unglücklich sein.«
*125.* Der Chef einer psychiatrischen Klinik erklärt, warum es keine freien Betten für Patientinnen und genug Betten für männliche Patienten gibt: »Ja, es stimmt, daß Frauen leichter an emotionalen und geistigen Störungen leiden. Sie hatten recht, als Sie das behaupteten, meine Herren, aber ich fürchte, Sie haben einen soziologischen Faktor außer acht gelassen. Eine Frau kann leicht durch eine andere Frau ersetzt werden, aber ein Mann ist der Ernährer, und jeder überlegt es sich zweimal, bevor er ihn in eine psychiatrische Klinik schickt und dort läßt.«
*126.* Ein philosophischer Patient: »Eheliche Treue ist so etwas wie Religion. Über die Treue verheirateter Männer braucht man gar nicht erst zu reden. Auf diesem Gebiet sind wir alle gleich – unverbesserliche Atheisten. Mit der Treue der Frauen steht es ein bißchen anders. Viele Leute glauben noch daran, aber die Mehrheit unserer Bevölkerung ist ungläubig.«

*127.* »Manchmal bedeutet es einen Gewinn, das Gesicht zu verlieren, zumindest wenn man im Falle sehr häßlicher Frauen den Ausdruck wörtlich nimmt.«

*128.* Ein alter Mann: »Nichts zu tun, ist vielleicht die beste Methode, in einer kritischen Situation etwas zu tun.«

»Höflichkeiten sind manchmal die einzige, schmale Brücke zwischen den Menschen. Bricht sie zusammen, werden sie gewahr, daß sie auf den weit auseinander liegenden Ufern eines Flusses stehen.«

*129.* Ein Mann an einem sehr heißen Tag im Sommer 1963: »Als ich im Bus hierherkam, beobachtete ich eine junge Frau, die vor mir einstieg. Sie trug Freizeithosen, aber als sie auf das Trittbrett stieg, zog sie sie in die Höhe wie einen Rock. Die Macht der Gewohnheit, nicht wahr?«

*130.* Ein junger Mann: »Das unverheiratete Mädchen von heute jagt vor allem nach Sicherheit, und wenn sie nicht nach Sicherheit jagt, ist sie noch schlimmer.«

*131.* Ein masochistischer Patient: »Es scheint, daß ich nur glücklich bin, wenn ich unglücklich bin.« Dieser Satz wurde von einem Psychotherapeuten zitiert, der in einem Seminar über den Fall berichtete und darauf hinwies, daß der Patient heftig reagieren konnte. Als er, zum Beispiel, auf boshafte Weise offen angegriffen wurde, gab er dem Gegner eine Ohrfeige, nahm aber dann eine übertriebene Rache an sich selbst. Als er den Arm zurückzog, stieß er seinen Ellenbogen so kräftig gegen eine Tür, daß er mehrere Wochen im Krankenhaus behandelt werden mußte.

*132.* »Ich hasse Minderheiten – Neger, Juden, Puertorikaner und so weiter. Sie müssen doch aufgrund ihrer sozialen Stellung schreckliche Menschen sein.«

*133.* Ein Psychoanalytiker, der in einem Seminar über einen Fall berichtet: »Der Patient stand anfangs unter dem Zwang, jeden Gedanken, den er hatte, in die Tat umzusetzen. Er war daher, wie mir schien, unfähig zu denken, bevor er handelte. Wenn er beispielsweise sagte: ›Dann ging ich hinaus‹, mußte er von der Couch aufstehen, so als wollte er fortgehen. Oder wenn er mir erzählte: ›Ich fuhr durch den Holland-Tunnel‹, schob er die Hand durch das Kissen, so als agierte er die Tunnelfahrt. Später lernte er, daß man denken kann, ohne zu handeln. Es fiel mir ein, daß Freud Gedanken Handlungen in kleinen Mengen nannte. In diesem besonderen Fall waren die Gedanken den Aktionen und Reaktionen näher als in anderen.«

*134.* Es kann kein Zufall sein, daß Frauen auf der Straße im allgemeinen vorsichtiger sind als Männer und daß sie zu Hause und außerhalb des Hauses weniger Unfälle haben. Es ist ihre Funktion, Leben zu erhalten und zu bewahren, ihr eigenes und das der nächsten Generation. Es würde sich gewiß lohnen, die psychologischen Unterschiede zwischen den Geschlechtern in dieser Hinsicht zu untersuchen.

*135.* Ein Mann: »Ich saß auf der Party da und beobachtete die Leute. Es gibt eine Redensart: ›Wenn Blicke töten könnten...‹ Ich habe solche Blicke nur bei einigen Frauen gesehen, die Rivalinnen waren. Aber ich beobachtete die Blicke, die zwischen Frauen und Männern ausgetauscht wurden, und ich hatte einen komischen Einfall: ›Wenn Blicke Geschlechtsverkehr bedeuten könnten, wäre das Leben eine ununterbrochene Orgie.‹«

*136.* Bemerkung der Frau eines Alkoholikers: »Ich wollte, er würde mich so begehrlich ansehen wie diese Whiskyflasche. Ich wollte, er würde, wenn er meinen Körper berührt, dasselbe Prickeln in den Fingern spüren, wie wenn er nach der Flasche greift. Es ist schön für eine Frau, begehrt zu werden.«

*137. Selbstbewertung:* Wir sind die in unserer Kultur vorherrschende Anschauung gewohnt, daß die Selbstbewertung einer Frau auch durch die Art von Männern bestimmt wird, mit denen sie Umgang hat. Aus leicht verständlichen Gründen legen Männer im allgemeinen bei ihrer Selbstbewertung einen anderen Maßstab an. In Ausnahmefällen halten aber auch Männer weniger von sich selbst, wenn sie Frauen von minderer Qualität haben. Ein einunddreißigjähriger Patient mit beträchtlichen Potenzschwierigkeiten befand sich in einer solchen Lage. Seine Geliebte war vulgär und unbeherrscht, und sie unterhielt wahllose Beziehungen zu anderen Männern, was sie auch gar nicht verhehlte. Der Mann beklagte sich in einer analytischen Sitzung: »Ich muß schon ganz schön heruntergekommen sein, wenn ich mit keiner anderen Frau ausgehen kann als mit diesem Stück Abfall.«

*138.* Das Verhalten dieses Patienten war für mich längere Zeit rätselhaft und unverständlich, denn er wagte es nicht, sich Frauen sexuell zu nähern und war auch im gesellschaftlichen Umgang mit ihnen schüchtern und gehemmt. In seinen Phantasien erschienen Identifizierungen mit Frauen und masochistische Neigungen. Er war auch ein Zauderer in seinem Beruf und hatte große Schwierigkeiten, die ihm gestellten Aufgaben zu bewältigen. Die erste Einsicht in das Rätsel seines Verhaltens erhielt ich überraschenderweise bei der Deutung eines seiner Träume: »Ich war wieder in der First Avenue, wo ich als Junge lebte. Ich hatte zwei Koffer bei mir, aber einige Jungen nahmen sie mir weg und warfen sie einander zu. Ich versuchte, sie zurückzubekommen, aber es gelang mir nicht.« Seine Gedankenassoziationen zu diesem Traum waren bedeutungslos, Erinnerungen an seine frühe Kindheit und Raufereien mit anderen Jungen. Ein Tagesrest, an den er sich erinnerte, war, daß er unlängst einmal zwei Koffer getragen hatte, und so fort. »Mit dem dritten Ohr lauschend«, kam ich auf einen seltsamen Gedanken, der mich selbst überraschte, nämlich daß die beiden Koffer symbolisch die Hoden darstellten. Ohne mich auf eine Diskussion über den restlichen Trauminhalt einzulassen, sagte ich dem Patienten, ich hätte den Eindruck, daß er als Kind nichtdeszendierte Hoden (noch nicht aus der Bauchhöhle in den Hodensack verlagerte Hoden) gehabt hatte. Zu meiner großen Überraschung sagte er, er habe gerade an dasselbe gedacht, an dieses körperliche Handicap seiner frühen Kindheit, das er erst mit dreizehn Jahren überwand. Er behauptete, mir am Beginn der psychoanalytischen Behandlung davon erzählt zu haben, aber ich konnte mich nicht erinnern. Wahrscheinlich hatte er davon sprechen wollen, es dann aber doch unterlassen. Das ist um so wahrscheinlicher, als er zugab, daß er dieses Thema nach Möglichkeit immer gemieden hatte, auch in seinen Gedanken. Die unbewußten Motivationen seines Zögerns und seiner Unentschlossenheit ebenso wie seiner Phantasien wurden leichter verständlich durch diesen überraschenden Einblick in seine präpubertären Jahre mit ihren Schamgefühlen.

Wie ich zu dieser Deutung des Traumes meines Patienten kam, läßt sich durch eine Rekonstruktion erklären, die ich später versuchte. Viele Jahre, bevor dieser Patient zu mir gekommen war, hatte ich einmal einen Mann behandelt, der als Junge an demselben Handicap gelitten hatte. Während einer analytischen Sitzung hatte dieser Patient einmal die lateinische Sentenz *Omnia mea mecum porto* (Alle meine Habe trage ich bei mir) zitiert und damit auf seine nun normalen Genitalien angespielt. Die vorbewußte Erinnerung an diesen Fall und die Gedankenverbindung zwischen der persönlichen Habe, die man bei sich trägt, und den beiden Koffern müssen den Weg zur Traumdeutung geebnet haben.

*139. Eine Zukunftsvision:* Ich sehe eine Zukunft voraus, in der Kirchen, Tempel, Moscheen und andere Stätten der Anbetung verschwunden sind und Krankenhäusern und Heimen für die Armen und Alten, für Kinder, die von ihren Eltern verlassen wurden, und für andere Unterprivilegierte Platz gemacht haben. Was sich durch den Verzicht auf Gotteshäuser einsparen läßt, kann für solche Bauten verwendet werden, die der wahren Religion der Menschheit gewidmet sind.

*140. Traumdeutung:* Der Patient beginnt seine psychoanalytische Sitzung mit der Schilderung dieses Traumes: »Ich träumte, daß Sie und ich die Schuhe tauschten. Meine waren schmutzig und Ihre sauber. Nach dem Tausch waren Ihre Schuhe voller Kot, aber meine waren sauber.« Der Patient hat zu diesem Traum keine Gedankenassoziationen, die uns weiterhelfen, und spricht von anderen Dingen, vor allem von seinem derzeitigen Geldmangel. Die Bedeutung des Traumes bleibt unklar, solange man sich nicht daran erinnert, daß Schmutz, Kot und so weiter in Träumen Geld symbolisieren. Indem er die letzte Assoziation des Patienten (Geldmangel) aufnahm, konnte der Analytiker den Traum folgendermaßen deuten: Der Patient sagt unter Verwendung der Traumsymbolik: Zuerst hatte ich Geld genug, und Sie waren arm, jetzt haben wir die Plätze getauscht. Der Patient gibt zu, manchmal gedacht zu haben, daß er »in den Schuhen des Analytikers stecken« möchte.

*141. Gedanke eines Kindes:* Ein dreijähriges Mädchen war oft ermahnt worden, vorsichtig zu sein und keine Kirschkerne zu schlukken. Einmal verschluckte die Kleine doch einen. Sie kniete vor einem Kruzifix nieder und betete zu Gott, er solle machen, daß der Kern ihren Körper durch die Öffnung der Eingeweide wieder verläßt, und nicht einen Kirschbaum in ihr wachsen lassen.

*142.* Ein Patient aus Wien: »In Wien sagt man, ›Liebe geht durch den Magen‹, was bedeutet, daß die Frau gut kochen soll, denn dann wird ihr Mann sie auch lieben. Seit gestern habe ich ein Druckgefühl im Magen. Jetzt weiß ich nicht, ob meine Frau mich nicht mehr liebt oder ob sie einfach nur eine schlechte Köchin ist. Ich weiß nur, daß ich sie im Augenblick nicht liebe.«

*143.* Ein argwöhnischer Junggeselle: »Mit dem Feuer zu spielen, ist natürlich gefährlich, weil man sich dabei verbrennen kann. Das gilt auch für das Spiel mit dem Feuer der sexuellen Begierde. Aber was ist mit diesen schrecklichen Frauen, die einen nur necken, die mit dem Feuer der Männer spielen. Diese Frauen zünden das Feuer nicht nur an, sie gießen auch noch Öl hinein und sehen mit großer Befriedigung zu, wie es brennt. Sie lassen andere verbrennen. Immer wenn ich an eine solche gerate, möchte ich am liebsten ›*Feuer!*‹ rufen.«

»Ich warte jetzt auf das Erscheinen eines dieser Ratgeber mit dem Titel *Wie man bei Frauen Erfolg hat, ohne es wirklich zu versuchen.*«

*144. Wiener Mentalität nach Hitler:* Vor einigen Jahren verbrachte ich einige Sommerwochen in meiner Heimatstadt. Die Stadt ist noch immer schön, die Umgebung noch schöner. Das Essen ist so gut wie früher, und der Blick vom Kahlenberg am Abend auf die Donau hinunter wird jeden entzücken. Aber die Menschen, freundlich wie immer, sind provinziell. Man sieht viele religiöse Prozessionen und Männer in der einheimischen österreichischen Tracht. Die Nazis hinterließen ihre Spuren sogar in der Sprache. (Man sagt jetzt Zweitschrift statt Kopie.)

Ich traf einen alten Bekannten auf der Straße. Ich bin sicher, daß dieser Mann einer der ersten war, der Hitlers Einzug in Wien begrüßte. »Sie hatten es leicht«, sagte er zu mir. »Sie haben im freien Amerika gelebt, während wir hier unter Hitler zu leiden hatten.« Die Wiener waren schon immer solche Heuchler; sie waren immer, wie sie oft selbst sagen, *Schnittlauch auf allen Suppen*.

Eine amerikanische Besucherin kam im Herbst 1962 nach Wien. Die Dame wollte Orangen kaufen und konnte keine finden. (Sie sprach ausgezeichnet Deutsch.) Schließlich fragte sie einen Obsthändler, warum es keine Orangen gab. Der Mann antwortete: »Die italienischen Orangen sind noch nicht gekommen, und die aus Israel nehme ich nicht, weil sie nach Juden stinken.«

*145. Aschenputtel:* Freud sagte uns, daß der Traum und andere Produktionen, in denen das Unbewußte die entscheidende Rolle spielt, Material zu Tage fördern, das wir als Teil des archaischen Erbes betrachten müssen; das Kind bringt es – noch ohne eigene Erfahrung – als Erfahrung seiner Vorfahren mit auf die Welt. Freud betrachtete, zum Beispiel, Traumsymbole als eine solche ererbte Erfahrung. Er sagte uns, daß der Träumende ihre Bedeutung nicht kennt und daß der Psychoanalytiker, der einen Traum deutet, den Patienten erst mit dem Sinn dieser Symbole vertraut machen muß.

Ich bezweifle nicht den archaischen Ursprung der Symbole oder

ihre Bedeutung, aber mir kommen immer wieder ernsthafte Zweifel daran, daß uns ihre latente Bedeutung gänzlich unbekannt ist oder, besser gesagt, daß wir ihre Bedeutung nicht unbewußt verstehen.
Ich will, um mein Argument zu untermauern, zwei Fälle anführen, in denen dasselbe Symbol erscheint, dessen Bedeutung wir zu verstehen oder zumindest unbewußt oder vorbewußt zu erfassen scheinen. Das erste Beispiel stammt aus dem reichen Schatz der alten Volksmärchen. Jeder kennt die Geschichte von Aschenputtel, der schönen Magd, die ihren reichen Verwandten dienen mußte. Das Märchen erzählt, daß das Mädchen, dem eine Fee gewogen war, wunderschön gekleidet zum Ball geschickt wurde, wo sich ein Prinz in sie verliebte. Aschenputtel trug auf dem Ball gläserne Pantoffeln oder Schuhe. Als sie um Mitternacht nach Hause eilen mußte, verlor sie einen davon. Der Prinz nahm ihn und suchte nun das Mädchen, auf dessen Fuß der Schuh paßte. Er fand schließlich Aschenputtel und heiratete sie.
Niemand, der dieses Märchen liest oder hört, wird leugnen, daß die Geschichte von dem Schuh und dem Fuß eine symbolische sexuelle Bedeutung hat, die sich leicht erklären läßt: Der Schuh steht für die Vagina, der Fuß für den Penis. Der Prinz heiratete das Mädchen, in dessen Vagina sein Penis gut paßte. Versteht nicht jeder von uns diese Symbolik zumindest vorbewußt?
Das zweite Beispiel ist der klinischen Psychoanalyse entnommen. Ein Patient mit einer starken, aber geschickt verborgenen Neigung zum Schuh-Fetischismus berichtete, daß er auf der langen Busfahrt zu meiner Ordination einer jungen Frau gegenübersaß. Er starrte die ganze Zeit ihre Schuhe an, so als wäre er von ihnen fasziniert. Er sah nicht ihr Gesicht oder ihre Figur an, sondern nur ihre Schuhe. Nicht sein Verhalten interessiert uns hier, sondern das der jungen Frau. Sie wurde durch seine Konzentration auf ihre Schuhe sichtlich verlegen. So wie er es beschrieb, versuchte sie zuerst, ihre Verwirrung zu verbergen, aber dann verriet sie ihre Verlegenheit und errötete. Der Patient meinte, wenn sie so wie die Frauen früher ein langes Kleid getragen hätte, würde sie die Schuhe darunter versteckt haben, um zu verhindern, daß er sie betrachtete. Sie würde sie, sagte er, verborgen haben, so als schämte sie sich ihrer. Sie würde sie seinen Blicken entzogen haben, als wären sie ein nacktes Sexualobjekt.
Es ist kaum daran zu zweifeln, daß das Verhalten der jungen Frau im

Bus zeigt, daß sie vorbewußt oder unbewußt die symbolische Bedeutung des Schuhs verstand und so reagierte, wie eine Frau auf die Blicke eines Voyeurs reagieren würde.

*146. Verwandlungen des Masochismus:* Eine sehr intelligente junge Frau, Lehrerin an einer Oberschule, konnte beim Geschlechtsverkehr den Höhepunkt nur erreichen, wenn sie sich masochistischen Phantasien hingab – beispielsweise daß sie, eine Jüdin, eine Prostituierte war, die Nazisoldaten zur Verfügung stehen mußte. Während der psychoanalytischen Behandlung ließen diese Phantasien nach und verschwanden schließlich ganz, aber an ihre Stelle trat eine auffällige Verhaltensänderung. Die junge Frau ging bei der ersten Begegnung mit jedem Mann ins Bett, der sie haben wollte. Dieses Verhalten führte natürlich dazu, daß die Männer sie verächtlich behandelten und bald verließen. Sie hatte ihre masochistischen Phantasien aufgegeben und wurde nun masochistisch im Leben.

Die Grundursache ihres Masochismus war eine Selbstbestrafung für unbewußte mörderische Impulse gegen ihre Mutter, mit der sie in einem ununterbrochenen schweren Konflikt lebte. Sie selbst faßte diese Beziehung oft als ein Tauziehen auf, bei dem sie mit ihrer Mutter durch die Nabelschnur verbunden war, an der sie beide zogen.

*147. Erinnerungen an das Wien vor Hitler:* Eines Tages sah ich mir entgegen meiner Gewohnheit die Bilder im Vorzimmer meiner Wohnung an, bevor ich sie verließ. Es hängen dort einige Fotografien der Männer, die für mich in meiner Studentenzeit von Bedeutung waren – Bilder von Dostojewskij und Schopenhauer, Gustav Mahler und Anatole France, Beer-Hofmann und Arthur Schnitzler. Dazu kommt eine kleine Reproduktion von Giorgiones *Concerto* mit den drei Gestalten, von denen eine dem jungen Gustav Mahler frappierend ähnelt. (Das Bild hing auch in Mahlers Büro, als er Direktor der Wiener Oper war.) Auf dem Bücherregal steht, alles andere beherrschend, die Büste des alten Goethe. Mein Blick verweilt ein wenig auf der Fotografie Schnitzlers und den Zeilen, die er daruntergeschrieben hat:

*Tiefsinn hat nie ein Ding erhellt,*
*Klarsinn blickt tiefer in die Welt.*

Ich blicke wieder in seine stahlblauen Augen und höre auf seine Stimme wie so oft auf unseren Spaziergängen in Wien. Unlängst las ich die Gedenkrede auf Schnitzler von Franz Werfel (*Neue Rund-*

*schau* 1931), der den Dichter »Meister der Einsamkeit« nennt und behauptet, daß die Einsamkeit den wesentlichen Gehalt aller seiner Werke und Charaktere vom ersten bis zum letzten bilde... Eine Bemerkung, die Schnitzler einmal mir gegenüber machte, fiel mir ein: »Wirklich allein kann man sich nur in Gesellschaft fühlen.«

Mein Sohn Arthur verdankt seinen Vornamen Schnitzler, der sich ein wenig für den Jungen interessierte. Wir wohnten in Wien in der Sternwartestraße – so wie Arthur und Olga Schnitzler, die mich manchmal in ihr gastfreundliches Haus zum Abendessen einluden. Danach gingen wir dann im Garten spazieren. Eines meiner ersten Bücher, *Arthur Schnitzler als Psychologe* (1912) untersucht seine Novellen und Dramen mit den Methoden der Psychoanalyse.

Neben Schnitzlers Fotografie hängt eine von Beer-Hofmann mit einer Widmung vom Mai 1919. Ich war erst zweiundzwanzig Jahre alt, als ich ein kleines Buch über diesen großen Dichter schrieb. Er war einer der besten Freunde Schnitzlers. Ich war oft Gast in seinem Haus, über dessen Portal der Davidstern eingemeißelt war. Eine Zeile aus seinem Drama *Der junge David* fällt mir ein, in der er sagt, daß es sich auch für ein Volk nicht lohnt, nur für sich selbst zu leben. Rainer Maria Rilke bemerkte einmal, daß Beer-Hofmann »die Größe und Würde des jüdischen Schicksals« repräsentiere. (Der Gedanke an Rilke weckt andere Erinnerungen. Ich war Offizier in der k. u. k. Armee und zugegen, als der Dichter im Ersten Weltkrieg einrückte. Ein typischer Wiener Feldwebel nahm die Personalien auf. »Ihr Name?« fragte er. »Rainer Maria Rilke.« Der Feldwebel, der das nicht verstand, fuhr Rilke an: »Was soll das heißen, *Maria*? Ich heiß doch auch nicht Mitzi!«)

Als ich das Haus verließ, verfolgte mich die Erinnerung an die Fotografie Mahlers an der Wand meines Vorzimmers, und plötzlich fiel mir ein kleines Erlebnis ein, das ich lange vergessen hatte. Es muß im Winter 1907 gewesen sein, kurz nachdem ich Mahlers Zweite Sinfonie zum erstenmal gehört hatte. Einige Abende später kam ich aus der Oper und ging die Ringstraße hinunter. Ich wußte, daß Mahler hinter mir ging, und pfiff. Ich war damals neunzehn Jahre alt und studierte an der Wiener Universität. Plötzlich war Mahler neben mir und fragte: »Was haben Sie da gerade gepfiffen?« Ich antwortete: »Das Walzerthema aus Ihrer Zweiten Sinfonie.« – »Gut«, sagte Mahler befriedigt. Er schüttelte mir die Hand und stapfte mit seinem seltsamen Gang weiter.

Vielleicht zwanzig Jahre später war ich Gast in Mahlers Haus in Breitenstein, wo damals Werfel und Alma Mahler lebten. Ich war ihnen von Baron Dirsztay vorgestellt worden, und wir verbrachten einen wunderschönen Tag und Abend auf dem Semmering, wo wir lange Spaziergänge durch die Wälder machten.
Diese Erinnerungen lebten natürlich nicht alle wieder auf, während ich nun spazierenging. Ich beschloß, meine jüngere Tochter Miriam zu besuchen (die ihren Namen Beer-Hofmanns *Schlaflied für Mirjam* verdankt). Sie studierte für ihren Dr. phil. an der Columbia University und wohnte nur einige Häuserblocks von uns entfernt. Während ich mit Miriam Kaffee trank, betrachtete ich die Wände ihres Zimmers und sah die schönen Originalbriefe von Freud, Einstein und Thomas Mann. Da hing auch das *Schlaflied für Mirjam* in der englischen Übersetzung mit einigen herzlichen Worten für mich von Beer-Hofmann, der damals (1942) schon in New York war, wo ich mit ihm zusammentraf. Und da war auch Beer-Hofmanns schönes Gedicht *Die einsame Straße*, unter das der Dichter geschrieben hatte: *Für Theodor Reik zur Erinnerung an vergangene Tage, herzlichst...*
An der anderen Wand hing die Empfehlung, die mir Freud im Oktober 1933 schrieb, als ich von Wien nach Den Haag übersiedelte. Diese ist schon veröffentlicht worden*, aber sollten nicht auch die Briefe von Mann und Einstein kopiert und der Öffentlichkeit zugänglich gemacht werden? Besonders der kritische Brief von Mann könnte viele interessieren. Ich hatte Thomas Mann offenbar um ein paar Zeilen, ein kleines Vorwort zu meinem Buch über Goethe gebeten, das er kannte und das ich in englischer Sprache herausbringen wollte.** Seine Antwort aus Princeton trägt das Datum vom 21.1.1941. (Das folgende ist eine Rückübersetzung, da das Original nicht vorliegt. Anm. des Übers.)

»Lieber Dr. Reik,
was Sie mir vorschlagen, ehrt mich, aber ich kann nicht tun, was Sie von mir verlangen. Ich fühle mich augenblicklich überlastet und muß mich sehr anstrengen, um neben den täglichen Erfordernissen dieser Zeit meine persönliche Arbeit zu erledigen. ›Die Lasten neh-

* In meinem Buch *The Search Within*, New York 1952, S. 653.
** Erschienen als *Fragment of a Great Confession*, New York 1949.

men mit den Jahren zu‹, bemerkt Goethe, und es ist schlecht eingerichtet, daß man, solange man jung ist, nur was das Sportliche anbetrifft im Zenit steht und in Wirklichkeit nichts zu vollbringen hat und später dann so viel. ›Ein paar Zeilen‹, das ist leicht gesagt, aber wenn ich zu schreiben beginne, zieht es mich hinein, und es wird Arbeit, die ich mir jetzt nicht leisten kann. In Goethes Welt war ich lange eingeschlossen. Obwohl ich gerade diese Welt nie verlassen werde, mag ich doch nicht zur Problemsphäre geschriebener Bücher zurückkehren – ich meine den Lotte-Goethe-Roman.

Ich hatte Ihre Friederike-Studie schon zuvor gelesen und habe sie mir jetzt noch einmal mit Bewunderung für Ihre thematische Fülle und Ihre darin bewiesene Kühnheit nach dem analytischen Prinzip des *aude sapere* angesehen. Sollte ich hinzufügen, daß einem die Einsichten in diese Tiefen, die nicht tiefer sind als das Geschlechtliche (das freilich ein sehr tiefer Brunnen ist) manchmal ein wenig monoton vorkommen und daß die Tapferkeit, die Ihnen Freud zuschreibt, etwas Gewohnheitsmäßiges und Fachmännisches hat? Diese Bemerkung fließt mir aus der Feder, obwohl ich fühle, was mir die Psychoanalyse gegeben hat, und weil ich der Spezialisierung darin aus dem Weg gehe unbeschadet der Gefühle der Dankbarkeit und Verbundenheit, die ich für sie hege.

Um zum Schluß zu kommen: Ich würde, so fesselnd er ist, den Aufsatz über Faust aus formalen Gründen und weil er auch dem Thema schaden würde, nicht in das Buch aufnehmen.*

Mit den besten Grüßen und Wünschen,

Ihr ergebener

*Thomas Mann«*

Die polemischen und kritischen Bemerkungen in diesem Brief sind gewiß von größerem Interesse als die lobenden Worte über mein Buch.

Um diese Erinnerungen abzuschließen, lasse ich noch einen Brief Albert Einsteins vom 6. Januar 1941 folgen. Ich hatte Einstein meine Bücher *From Thirty Years with Freud* und *Masochism in*

* Ich hatte gefragt, ob ich einen Aufsatz über Goethes *Faust* in das Buch aufnehmen solle, was ich dann nicht tat.

*Modern Man** geschickt (der folgende Brief ist ebenfalls eine Rückübersetzung).

»Lieber Herr Reik,
ich danke Ihnen sehr für die Zusendung Ihrer Bücher. Das Buch über Masochismus habe ich schon mit großem Interesse zu Ende gelesen; es erscheint mir sehr überzeugend. Was ich bisher in dem Buch über Freud gelesen habe, gefiel mir sehr. Es bietet viel mehr als eine Biographie im üblichen Sinne und wird sicherlich dazu beitragen, das Verständnis für die wunderbare Persönlichkeit Freuds zu fördern.
Mit besten Grüßen und Wünschen, Ihr
*A. Einstein*«

*148.* Die folgende Geschichte trug sich zu, bevor Freud sein Buch über die Laienanalyse schrieb. Im Jahre 1924 oder 1925 hatte ich eine amerikanische Patientin, die nach einem Sommerurlaub aus New York nach Wien zurückkehrte, um ihre psychoanalytische Behandlung wiederaufzunehmen. An Bord des Schiffes lernte diese Frau einen Mann kennen, der ebenfalls aus New York stammte und, soweit sie es verstand, an emotionalen Störungen litt. Sie riet ihm, Freud zu konsultieren. Freud sah sich den Mann an und überwies ihn an mich. Er gab ihm eine Visitenkarte mit, auf die er »ZW. Volle psychoanalytische Behandlung« geschrieben hatte. (ZW. war die Abkürzung für Zwangsneurose.)
Ich begann mit der psychoanalytischen Behandlung, und es schien sich so zu verhalten, daß der Patient tatsächlich eine Zwangsneurose entwickelt hatte. Er hatte in bezug auf viele Themen zahlreiche Zweifel und eindeutig zwanghafte Gedanken. Die Zwangsneurose zeigte sich sozusagen an der Oberfläche. Nach drei Monaten psychoanalytischer Behandlung änderte sich die Symptomatik des Patienten auf erstaunliche Weise. Er hatte inzwischen ein Verhältnis mit einer Frau aufgenommen und klagte über Potenzstörungen. Später sprach er den Verdacht aus, daß ich ihn kastrieren wollte. Dann hatte er Wahnvorstellungen und behauptete, daß gewisse Männer über das Dach kamen und in sein Zimmer eindringen woll-

* Farrar, Straus and Company, New York 1941. Dt.: *Aus Leiden Freuden; Masochismus und Gesellschaft*, Fischer Taschenbuch Nr. 6768.

ten. Er bekam einen heftigen Streit mit dem Hausbesitzer und ging schließlich zum amerikanischen Konsul, um mich zu verklagen. Es war klar, daß seine Zwangsneurose eine Paranoia überdeckte.
Der Staatsanwalt leitete eine Voruntersuchung ein, die keine Resultate erbrachte. In den Wiener Zeitungen erschienen nur kurze Notizen über den Fall. Freud schrieb einen Brief an die *Neue Freie Presse*, in dem er eine kurze Erklärung abgab. Er sagte, daß er den Fall an mich weitergegeben hatte, weil er, was die Behandlung schwieriger Fälle dieser Art anbetraf, besonderes Vertrauen zu mir hatte. (Freuds Tochter Anna wurde in diesem Brief ebenfalls erwähnt, da er Fälle anderer Art an sie überwies.)
Der Patient kam, wenn ich mich recht erinnere, im September 1924 zu mir. *Die Frage der Laienanalyse* erschien im September 1926.
*149. Freud und Beer-Hofmann:* Freud und der große österreichische Dichter Richard Beer-Hofmann verbrachten beide den größten Teil ihres Lebens in Wien, ohne einander je zu begegnen. Sie hatten gemeinsame Freunde, vor allem Lou (Andreas-)Salomé. Sie wurde eine Schülerin Freuds, der ihre Begabung sehr hochschätzte, und war eine intime Freundin der Familie Beer-Hofmanns. Als Hitler nach Wien kam, besuchte Beer-Hofmann schließlich Freud. Er erzählte mir viel später, als er in New York war, von diesem Besuch. Die beiden Männer sprachen über die jüdische Frage und natürlich über die Lage in Wien. Freud kannte alles, was Beer-Hofmann geschrieben hatte.
Ich hatte 1911 schon ein kleines Buch über Beer-Hofmann veröffentlicht (das erste Buch eines Dreiundzwanzigjährigen), in dem Freuds Name im Zusammenhang mit der Traumdeutung erwähnt wurde. Als eine zweite, neubearbeitete Ausgabe dieses kleinen Buches erschien, machte mir Freud Vorwürfe, weil ich ihm kein Exemplar geschickt hatte.
*Der Fall eines sexuellen Masochisten:* In meinem bereits zitierten Buch über den Masochismus beschrieb ich den Fall eines sexuellen Masochisten, der später den Übergang zu einer Form des sozialen Masochismus fand. Der Mann war drei Jahre lang ein Patient Freuds gewesen und hatte in dieser Zeit seine perversen sexuellen Neigungen überwunden. Als ihn Freud zur Fortsetzung der Behandlung an mich überwies, war ich noch ein junger und unerfahrener Psychoanalytiker. Der Patient, der so lange von Freud analysiert worden war, hätte mich so manches lehren können, und seine Berichte über

die Sitzungen mit Freud verschafften mir einige wertvolle psychoanalytische Einsichten. Nichtsdestoweniger konnte ich ihm eine ganze Weile später helfen, seine emotionalen Störungen zu überwinden. Er zeigte mir seine Dankbarkeit, indem er mir einen Roman widmete, den er nach Beendigung seiner psychoanalytischen Behandlung geschrieben hatte. Dieser Roman erschien unter dem Titel *Der Doppelgänger* und wurde von Oskar Kokoschka illustriert. Der Patient, der Jude war, und seine Frau begingen Selbstmord, als Hitler nach Wien kam.

Zuerst war dieser Patient impotent, aber später konnte er normalen Geschlechtsverkehr haben. Während unserer psychoanalytischen Sitzungen kamen wir natürlich oft auf das Problem des Ursprungs und der Dynamik seines sexuellen Masochismus zu sprechen. Um diese Zeit passierte etwas Merkwürdiges. Er spazierte manchmal durch die Kärntnerstraße in Wien, die am späten Abend von den besseren Prostituierten frequentiert wurde. Der Patient gab diesen Frauen manchmal im Vorübergehen einen Klaps auf den Hintern. Einmal aber drehte sich eine der »Damen« um und versetzte ihm eine Ohrfeige, worauf er wütend schrie: »Warum schlägst du mich, du Schlampe? Ich bin selber Sadist!«

Es gab natürlich einen großen Menschenauflauf, der Patient wurde zur Polizeiwache mitgenommen und mußte vor Gericht erscheinen. Freud und ich wurden als Gutachter vorgeladen. Wenn mich mein Gedächtnis nicht trügt, kam der Patient mit einer Geldstrafe davon.

*150. Kunst und Objektivität:* Ich glaube nicht an Objektivität bei der Beurteilung von Kunstwerken. Von anderen Gründen abgesehn – könnten Sie sich eine objektive Meinung über, sagen wir, das Gedicht oder die Skulptur Ihres schlimmsten Feindes bilden? Könnten Sie die Gemälde eines Mannes, der Sie schwer gekränkt hat, kühl und leidenschaftslos beurteilen? Würde unsere Meinung, da wir allen menschlichen Schwächen unterworfen sind, nicht durch Antipathie und Feindseligkeit beeinflußt werden?

Nicht jeder von uns würde in einem solchen Fall so aufrichtig (oder so naiv?) sein wie der große Komponist Anton Bruckner, über den ich unlängst eine aufschlußreiche Anekdote hörte. Er hatte sich in der Kirche in Steyr aufmerksam eine Messe angehört. Als sie zu Ende war, sagte er zum Chorleiter: »Das ist schöne Musik. Wer hat die Messe geschrieben?« Der Chorleiter nannte den Wiener Musiktheoretiker Dr. Joseph Marx als Komponisten. »Was?« rief Bruckner, »Marx hat sie komponiert? Er schuldet mir noch einen Gulden, der Lump! Nein, seine Musik taugt nicht viel. Ich müßte lügen, wenn ich sagen sollt', daß mir die Messe gefallen hat!«

Um diese Anekdote ganz zu schätzen, muß man sich den raschen Übergang von der fröhlichen zur finsteren Stimmung und dazu die Sätze im breiten oberösterreichischen Dialekt Bruckners vorstellen.

*151. Emotionale Störungen eines Kindes:* Eine Psychologin berichtete von dem Fall eines neunjährigen Mädchens, das sich weigerte, in die Schule zu gehen, wenn die Mutter nicht mitging und im Klassenzimmer oder jedenfalls in der Nähe blieb. Das Mädchen rief oft: »Mami! Mami!!« Als das Kind der Schule immer häufiger fernblieb, entschied der Schulpsychologe, daß es diese Schule verlassen und eine Sonderschule für gestörte Kinder besuchen sollte. Die Mutter konnte natürlich nicht immer bei der Tochter in der Schule bleiben. Als das Kind wieder einmal mehrere Tage nicht zum Unterricht erschienen war, setzte der Schulpsychologe, der sich nicht mit der Psychotherapeutin des Mädchens einigen konnte, eine Frist fest, bis zu der es wieder in der Schule zu erscheinen hatte.

In dieser Notlage entschloß sich die Therapeutin, dem Mädchen zu sagen, was sie schon längst erkannt hatte. Das Kind mußte unbewußte Todeswünsche gegen die Mutter hegen, und seine Angst vor der Trennung von der Mutter war nichts anderes als eine intensive emotionale Reaktion auf diese verdrängten Wünsche.

Die analytischen Erklärungen hatten zur Folge, daß das Kind deprimiert war und sich gegen die Psychotherapeutin wandte. Eine Durcharbeitung des unbewußten Materials führte jedoch dazu, daß das Mädchen seinen Widerstand überwand. Es erschien zur festgesetzten Frist im Klassenzimmer. Seither geht es regelmäßig in die Schule – ohne von der Mutter begleitet zu werden. Dieser schöne Heilerfolg wurde in erster Linie durch den moralischen Mut der Psychologin errungen, die erkannte, daß das unbewußte Schuldgefühl an die Oberfläche gebracht werden mußte. Sie hob sozusagen den Stein hoch und ließ ihre kleine Patientin sehen, was sich darunter verbarg.

*152. Kleidung und Geschlecht:* Jemand zitiert eine sehr frühe Kindheitserinnerung aus einem zeitgenössischen Roman (*Sol Myers* von Judah Stampfer, New York 1962, S. 1). Ein Mann erinnert sich:

»Mein Papa trug vorn eine Schürze und hinten eine Hose, und deshalb war ich, wie ich so herumkroch, sicher, daß er halb Mann und halb Frau war.«

*153. Ein jüdisches Sprichwort:* Es gibt ein altes jüdisches Sprichwort, das ich als kleiner Junge hörte: »Einen Kranken fragt man, einem Gesunden gibt man.« Das heißt, wenn man einen Gast bei Tisch hat, soll man einen Kranken fragen, ob er eine bestimmte Speise essen darf. Einen Gesunden fragt man aber nicht. Man tischt ihm einfach auf.

*154. Kindheitserinnerungen an das alte Wien:* Ein Mann: »Wenn ich krank war und allmählich wieder genas, zitierte meine Mutter manchmal einige Verse, die Sophie von Bayern, die Mutter des Kaisers Franz Joseph, einmal auf der Esplanade in Bad Ischl, im Salzkammergut, schrieb. Sie fand dort eine Inschrift, die besagte, daß es das Beste auf Erden sei, gesund zu sein, aber sie schrieb darunter:

*Man sagt, das höchste Glück auf Erden*
*Ist, gesund zu sein.*
*Ich sage nein,*
*Das höchste Glück auf Erden*
*Ist, gesund zu werden.*«

Als ich ein Kind in Wien war, fingen die Frauen an zu rauchen. Meine Mutter haßte den Anblick rauchender Frauen. Sie sagte oft: »Jeder Misthaufen raucht.«

Ich habe nichts gegen rauchende Frauen, aber ich sehe sie noch immer nicht gern auf der Straße rauchen. Irgendwie muß ich dabei immer an Strichmädchen denken.

Das eleganteste Restaurant Wiens war natürlich das Hotel Sacher bei der Oper. Die Mitglieder der Familie Franz Josephs waren dort oft zu Gast. Frau Sacher war ein Original. Sie kannte selbstverständlich alle Gäste. Einmal erschien eine Dame von zweifelhafter Tugend, die sie nicht kannte, zum Abendessen. Frau Sacher rief wütend: »Die Prinzessin Luise von Coburg ist die einzige Hure, die ich in diesen Räumen dulde!«

*155. Die Ermordung Präsident Kennedys:* Wir sind alle noch tief bestürzt über die Ermordung des Präsidenten. Zu den vielen ungelösten Rätseln ist ein neues hinzugekommen. Man sagt uns, daß der mutmaßliche Mörder, Lee H. Oswald, schon als Junge für geistesgestört gehalten wurde. Wer den Bericht über sein Verhalten verfolgte, wird erkennen, daß er entweder Paranoiker oder jedenfalls ein Grenzfall war. Die Fragen, die uns beschäftigen, lauten daher: Wie war es möglich, daß ein solcher Geisteskranker frei herumlief? Wenn man von einem Menschen annimmt, daß er an Cholera oder Typhus leidet, wird er in ein Krankenhaus eingewiesen und isoliert, selbst wenn die Diagnose noch nicht feststeht, daß heißt auf den bloßen Verdacht hin, daß er an der gefährlichen Krankheit leidet. Und in einem Fall wie Lee H. Oswald darf sich ein gefährlicher Mann frei und unbeobachtet unter seinen Mitmenschen bewegen?

*156.* Ein Mann, ein ausgesprochen visueller Typ: »Bevor wir das Jahr 2000 schreiben, wird die Psychoanalyse ihren Charakter radikal geändert haben. Dann wird jeder Mensch seine Erinnerungen in einen Fernsehapparat eingespeichert haben und seinem Psychoanalytiker zeigen können, wie er als Kind und junger Mann war, und er wird ihm in einem Fernsehfilm vorführen können, wie seine Eltern und Freunde und Geliebten aussahen. Er wird auch imstande sein, ihm einige bedeutsame Ereignisse seines Lebens in Bildern zu zeigen.«

»Ich war gestern erkältet und blieb im Bett und sah fern. Wissen Sie, ich zählte, wieviel ein Mann ausgeben würde, der, von Häusern und Autos bis zu Rasierapparaten, alles kaufte, was in den Werbespots angeboten wird. Wenn er von allen empfohlenen Artikeln nur ein Stück kauft, braucht er eine Million Dollar.«

*157.* Ein Psychologe in einem Seminar: »Ich glaube, daß Frauen besser lieben als wir Männer. Das kommt daher, daß sie im Mann nicht nur ihn selbst sehen, sondern auch das Kind, das sie von ihm haben könnten, also seine Möglichkeiten. Sie sehen nicht nur das Kind im Mann, sondern auch ihr Kind von diesem Mann. Das beginnt mit dem Geschlechtsverkehr – oder vielmehr schon lange vorher. Nach dem Orgasmus fühle ich mich der Frau so fern, als wäre sie auf einem anderen Planeten, aber die Frau fühlt sich mir näher und ist liebevoller als vorher. Wenn sie unpäßlich ist, beispielsweise während der Menstruation, vermindert die Tatsache, daß sie nicht gut aussieht, meine Zuneigung zu ihr. Aber wenn ich einmal krank bin, rückt sie nicht von mir ab. Im Gegenteil, das weckt irgendwelche mütterlichen Gefühle in ihr, und es tut ihr leid, daß ich schlecht aussehe.«

*158. Genesung:* Als ich wenige Wochen nach einem schweren Herzanfall am Fenster stand, faßte ich den Entschluß, daß ich nach meiner Genesung das Leben mehr genießen wollte als früher, ich wollte mehr Geld für mich selbst ausgeben, mir gewisse Delikatessen leisten, wieder nach Europa reisen. Ja es tauchte sogar der Gedanke an Frauen und Geschlechtsverkehr auf. Nun, einige Monate später, habe ich keines der Versprechen gehalten, die ich mir selbst gegeben hatte. Ich esse das gleiche wie früher, ich reise nicht viel, und ich sehe Frauen nur auf der Straße vorübergehen. Die Gefahr und die Bedrohung des Lebens stellen Ausnahmesituationen dar; jetzt hat der Alltag wieder die Oberhand gewonnen.

*159.* Ein Psychologe: »Es ist oft viel interessanter, dem irrationalen Geist einer Frau zu folgen als den rationalen, aber oft nicht vernünftigen Gedanken eines Mannes.«

*160. Ein Traum, der sich selbst deutet.* Ein Patient sagt in einer psychoanalytischen Sitzung: »Sie sagten gestern, daß ich als kleiner Junge einmal meine Eltern beim Geschlechtsverkehr beobachtet haben muß. Ich habe zwar im selben Zimmer geschlafen, aber ich kann mich nicht an eine solche Beobachtung erinnern. Ich weiß nicht, warum mir in diesem Augenblick der Traum wieder einfällt, den ich letzte Nacht hatte. Ich war in diesem Schlafzimmer, und mein Vater und meine Mutter waren auch da, aber nicht im Bett. Mein Vater hatte eine große Kerze und löschte sie in Wasser. Ich sah, wie das Wachs von der Kerze ins Wasser tropfte.«

Nicht nur die Folge dieses Traums auf die vorausgegangene Diskussion einer möglichen Beobachtung, sondern auch die sexuelle Symbolik der Kerze bestätigt die Vermutung des Analytikers.

*161.* Ein Beispiel für zwanghaftes Denken: »Sie müssen in den Zeitungen gelesen haben, daß wir zur Zeit in New York zuwenig Wasser haben. Der Bürgermeister hat die Bewohner aufgefordert, Wasser zu sparen, wo immer es möglich ist. Jetzt will ich Ihnen ein Beispiel für meine Art zu denken geben. Heute morgen ging ich ins Badezimmer, um zu urinieren. Zuerst konnte ich nicht, es kam kein Urin – Sie wissen, ich habe diese kleinen Schwierigkeiten mit der Prostata. Ich stand also da und wartete. Manchmal hilft es, wenn ich den Wasserhahn ein wenig aufdrehe und das Wasser rinnen lasse. Plötzlich fiel mir ein, daß ich ja gegen die Anordnung des Bürgermeisters Wasser verschwendete, und obwohl ich mittlerweile zu urinieren begonnen hatte, mußte ich aufhören und den Wasserhahn zudrehen.«

*162.* Ein Mann: »Ich glaube nicht einmal, daß es würdevoll war, wenn Zeus eine sterbliche Frau liebte.«

Derselbe Mann: »Homosexualität macht noch seltsamere Bettgenossen als Heterosexualität.«

*163.* Aus einem Seminar, in dem die Psychologie und Psychopathologie der Werbung diskutiert wurde: »Das Grundprinzip wirksamer Werbung ist, daß sie Wünsche erfüllt. Da ist natürlich in erster Linie der Wunsch vorhanden, ausgezeichnete Waren zu bekommen, die nicht teuer sind, aber neben diesem bewußten Wunsch sollten auch unbewußte Wünsche in den Worten und Bildern der Werbung Erfüllung finden. Von diesem Prinzip ausgehend, muß man zu dem Schluß kommen, daß Ausdrücke, die unangenehme Gedanken wecken könnten, zu vermeiden sind.«

Ich erinnere mich, ein Bild, das als Werbung für eine Firma dienen sollte, gesehen zu haben, auf dem Jesus am Kreuz dargestellt war. Ein römischer Legionär reicht ihm auf der Spitze seines Speeres einen Schwamm mit Essig. Von den Lippen Christi geht eine Sprechblase aus, in der steht: »Das ist gut. Das ist Browns Essig.«... Glauben Sie, daß diese Werbung den Verkauf von Produkten der Firma Brown fördern wird? Gewiß nicht, und zwar nicht nur, weil das Bild eine Blasphemie ist, sondern auch weil es schmerzliche Gedankenverbindungen wie Tod und Hinrichtung weckt.

Unter den unbewußten Befriedigungen bietet eine wirksame Werbung eine Sparsamkeit des Ausdrucks, die wichtig ist.

Hier ist ein ausgezeichnetes Beispiel für eine solche Werbung: In Berlin gab es vor der Hitlerzeit ein gut bekanntes Geschäft namens Loeser, das viele Filialen in allen Teilen der Stadt hatte. Loeser war auf Damenschuhe und -strümpfe spezialisiert. Wenn es Abend wurde, schalteten alle Loeser-Geschäfte eine Leuchtreklame ein: ein großes »L« in Gestalt eines weiblichen Beins mit einem Schuh. Es prägte sich dem Gedächtnis der Frauen ein – nicht nur durch den mnemotechnischen Trick, der den Namen Loeser mit der Erinnerung an Schuhe und Strümpfe verband, sondern auch dank der Sparsamkeit des Ausdrucks, der unbewußt geschätzt wird.

*164.* Aus einem Seminar, in dem die unbewußten Quellen des Witzes und Humors diskutiert wurden. Der Sprecher, ein Flüchtling aus Österreich, sagte: »Die österreichische Armee führte immerzu Krieg, und es gibt kaum eine Nation in Europa, die sich nicht rühmen kann, die österreichische Armee geschlagen zu haben. Sogar die Schweizer schlugen die Österreicher im Jahre 1386... Als der

Erste Weltkrieg ausbrach, seufzte ein jüdisches Mitglied des Reichsrates – wenn ich mich recht erinnere, Robert Stricker: ›Ich wollte, wir hätten diesen Krieg schon verloren.‹«

*165.* Die Tragödie der Frau mittleren Alters, der *femme entre deux âges*, wird gut ausgedrückt in der Arie der Marschallin im *Rosenkavalier* von Richard Strauß. Jede Frau dieser Altersgruppe möchte wie sie manchmal mitten in der Nacht aufstehen und alle Uhren anhalten.

*166.* Bemerkungen über die Sprache: Ein Flüchtling aus Deutschland, der erst nach seiner Ankunft hier in den Staaten Englisch lernte, berichtet: »Der Bus, in dem ich fuhr, war ziemlich voll. Es waren nur zwei Plätze neben mir und einer neben dem Fahrer frei. Dann stieg eine junge Frau mit drei Kindern von drei bis zehn Jahren ein. Ich stand auf und setzte mich neben den Fahrer, um für die junge Mutter und ihre Kinder Platz zu machen. Bei der nächsten Haltestelle kam sie zu mir und sagte: ›Sind Sie nicht nett?‹ (*Aren't you nice?*) Ich verstand die Frageform nicht und antwortete allen Ernstes: ›Ich versuche, es zu sein.‹ Mein amerikanischer Freund sagte mir später, daß die Frageform nichts bedeutete und die Frau nur sagen wollte: ›Es war nett von Ihnen aufzustehen.‹«

*167.* Nur die deutsche Sprache kennt den Ausdruck *Handschuh* (also Schuh für die Hand). Im Deutschen bedeutet *Schuld* sowohl Geldschuld, Verpflichtung, als auch Schuldhaftigkeit durch falsches oder rechtswidriges oder, im religiösen Sinne, sündhaftes Verhalten. Diese Doppelbedeutung gibt es im Englischen oder Französischen nicht.

*168.* Als mein Sohn Arthur ein kleiner Junge war, hatte er eine Spielzeugtrommel, die er ununterbrochen schlug. Wenn ich zu ihm sagte, er solle aufhören, schlug er mindestens noch einmal darauf, damit es so aussah, daß er aufhörte, weil er es wollte, und nicht weil ich es ihm befohlen hatte. Frühe Zeichen der Auflehnung.

*169.* Unter den Manifestationen unbewußter Schuldgefühle wird die Provokation in der psychoanalytischen Literatur zu wenig diskutiert. Das besondere Interesse an der Provokation hängt mit der zweifachen Funktion zusammen, die sie erfüllt: Sie ist in den meisten Fällen ein Angriff (zum Beispiel auf den Psychoanalytiker in der Phase der negativen Übertragung) und als solcher ein Ausdruck heftiger aggressiver und unbewußter Impulse. Andererseits sollte sie die Bestrafung der provozierenden Person herbeiführen, verbal –

und in der unbewußten Fortsetzung auch körperlich. Ein treffendes Beispiel liefert das Verhalten eines fünfjährigen Mädchens, das im Laufe der psychoanalytischen Behandlung zur Sprache kam. Sie versteckte sich hinter der Couch, während ihre Mutter und Großmutter ausgegangen waren. Als sie nach Hause kamen, suchten sie besorgt nach dem Kind, das hinter der Couch lag und keinen Laut von sich gab. Es genoß die wachsende Angst seiner Mutter und Großmutter, die zuletzt völlig außer sich waren. Der Großvater kam nach Hause, rückte die Couch beiseite und legte das Mädchen übers Knie. Die Ausdrücke, die die Frau benutzte, als sie von dieser Kindheitserinnerung sprach, zeigten nicht nur die erwähnte Funktion der Provokation – sie sagte, zum Beispiel, daß sie den ganzen Vorfall »genoß« –, sondern auch noch eine andere. Sie sagte von ihrem Großvater: »Er machte sich wenigstens etwas aus mir.« Damit verriet sie, daß sie unbewußt bestraft werden mit geliebt werden gleichsetzte. Während ihrer psychoanalytischen Behandlung wiederholte sie oft dasselbe Verhaltensmuster der Provokation, so daß ihr der Psychoanalytiker schließlich sagen mußte, daß es ihr unbewußtes Ziel war, aus seinem Sprechzimmer hinausgeworfen zu werden.

Zu den charakteristischen Zügen mancher masochistischer Persönlichkeiten gehört ein Gefühl der eigenen Wertlosigkeit, das oft zur Selbstsabotage führt. Eine Lehrerin, die trotz aller Beweise für das Gegenteil davon überzeugt war, daß sie im Klassenzimmer versagte, tat ständig Dinge, die ihr selbst schadeten, um ihre Stellung zu verlieren. Ihr Gefühl der Wertlosigkeit gründete sich auf ein unbewußtes Schuldgefühl, das auf gegen ihren Vater gerichtete Todeswünsche zurückging, die erst später auf ihren Beruf übertragen wurden.

170. *Über Bisexualität:* Uniformen widerstreben im Grunde dem Charakter der Weiblichkeit, weil Frauen danach trachten, anders gekleidet zu sein als andere. Stewardessen, Platzanweiserinnen und weibliche Militärangehörige müssen manchmal mit Sehnsucht an die Kleider denken, die sie tragen könnten, während sie sich selbst vielleicht unpersönlich und anonym vorkommen, solange sie uniformiert sind.

171. *Eindrücke nach einem Sinfoniekonzert:* Der Dirigent des Sinfonieorchesters, den ich aufmerksam beobachtete, erschien mir plötzlich als die Personifizierung der Bisexualität. Er ist natürlich

der Führer des Orchesters und nur dem Komponisten untergeordnet, dessen Werk er aufführt. Als solcher ist er sehr maskulin. Andererseits bildet er den Mittelpunkt der Aufmerksamkeit und möchte im Scheinwerferlicht stehen wie eine Frau. Während er dirigiert, schlägt sein rechter Arm den Takt und kommandiert so das Orchester, aber sein linker Arm veranschaulicht den Charakter der Musik und weist mit seiner Fülle der Gesten eine entschiedene Ähnlichkeit mit den Bewegungen auf, die die Gespräche von Frauen unterstreichen. Er führt das Orchester, aber wenn er den einzelnen Instrumentalisten das Zeichen zum Einsatz gibt, ähnelt er der Dame des Hauses, die, beispielsweise auf einer Party, verschiedene Personen in den Vordergrund holt. Er leitet sozusagen die Konversation auf der Party. Er ruft die Melodien hervor, aber er tanzt nach ihnen oder scheint nach ihnen zu tanzen, während er dirigiert, so als könnte er der Versuchung nicht widerstehen.

*172. Die Kehrseite der Medaille:* Jede Frau, selbst die reinste, muß gelegentlich Phantasien haben, in denen sie sich als Dirne sieht, so wie sich manchmal in jedem Mann, auch wenn er die strengsten sittlichen Grundsätze hat, der Impuls regt, jemanden zu töten.

*173.* Ein Patient über einen Freund: »Seine Freunde nennen ihn einen Scheißkerl; wie ihn seine Feinde nennen müssen, ist unvorstellbar.«

*174.* Ein junger Mann: »Ich bin einsam, aber das ist jeder. Ich bin mir dessen vielleicht nur stärker bewußt als die anderen.«

*175.* Ein selbstkritischer Patient: »Ich halte es nicht mehr aus, meine eigene Stimme zu hören. Was ich sage, klingt nicht nach echtem Gefühl, sondern nach Sentimentalität.«

Über einen Freund: »Dann sagte ich zu ihm: ›Ich seh dich später‹, aber ich dachte: ›Im Jenseits, vorher nicht.‹«

*176.* Ein Patient, der über Religion spricht: »Ich bin sehr gern bereit, mein Brot auf das Wasser auszuwerfen, wenn es in ein Roastbeef-Sandwich verwandelt zu mir zurückkommt.«

»Man weiß nie, was andere denken. Mehr noch – man weiß nie, was man selbst denkt.«

*177.* Ein Patient mit Zwangsvorstellungen: »Ich versichere Ihnen, daß das Problem, ob ich in die Senator-Cafeteria in der 96th Street oder zu Steinbergs Milchbar hinuntergehen soll, für mich manchmal eine Frage um Leben und Tod sein kann.«

*178.* Wenn man nicht nur nicht gewillt, sondern auch gar nicht fähig ist zu sündigen – im theologischen Sinne –, wird das Leben immer wertloser. Das heißt, wenn alle unsere Begierden schwinden, wenn keine Laster mehr nach biologischer Befriedigung verlangen, gefällt uns das Leben nicht mehr.

*179.* Ein Psychoanalytiker, der Studenten therapeutisch behandelt, die sich später selbst der psychoanalytischen Forschung widmen wollen, berichtet mir folgenden Fall: »Der Mann versuchte während seiner Psychoanalyse verschiedene Probleme theoretisch mit mir zu diskutieren. Ich war zunächst überrascht, aber dann erinnerte ich mich an das, was Sie uns einmal in einem Seminar gesagt haben, und wiederholte es ihm: ›Ich werde gern alle diese Fragen gründlich mit Ihnen diskutieren, aber erst nachdem Sie Ihre therapeutische Psychoanalyse abgeschlossen haben. Ich werde Sie dann zu einer Tasse Kaffee einladen, und wir werden darüber sprechen. Aber erst nach Beendigung Ihrer Behandlung, die noch einige Monate dauern wird.‹«

*180.* Ein Psychoanalytiker zu seinem Patienten am Ende der ersten Besprechung: »Ich betrachte es als ein Kompliment, das ich der Intelligenz eines Menschen zolle, wenn ich offen mit ihm sprechen kann. Ihre Analyse wird nicht leicht sein, Sie werden leiden, und sie wird Sie aufwühlen. Ich kann Ihnen nur versprechen, was Churchill dem britischen Volk versprochen hat: ›Blut, Schweiß und Tränen.‹ Aber am Ende steht der Sieg und die Überwindung Ihrer emotionalen Störungen.«

*181.* Ein Psychologe berichtet, daß ein Patient, der durch seine Behandlung schon viel Einsicht gewonnen hatte, zu ihm sagte: »Als ich heute hierherfuhr, benutzte ich einen Bus, der aus Harlem kam. Ich war der einzige Weiße im Bus, alle anderen waren Neger. Als ich unter all diesen Farbigen saß, hatte ich plötzlich große Angst, daß sie mich angreifen könnten. Es war ein Gefühl, das nicht mehr weit von einer Panik entfernt war. Es dauerte nur ein paar Minuten, aber die Angst war sehr groß. Als ich ausstieg, dachte ich, Sie würden diese plötzlich aufwallende Angst vielleicht als die Folge einer unbewußten Projektion deuten. Sie würden vielleicht sagen, daß ich intensive aggressive und gewalttätige Regungen verdrängte und auf die Neger projizierte. Das wäre durchaus möglich, aber ich versichere Ihnen, daß ich nichts dergleichen fühlte.«

*182.* Ein Psychologe: »Ich frage mich oft, ob diese Mädchen, die mit ihren Vätern und Müttern nicht auskommen können und aus dem

Familienleben in die Ehe flüchten, nicht die Konfliktstoffe in ihren neuen Haushalt mitnehmen.«

»Wie stark ist die Verlockung des Verbotenen! Schauen Sie nur am Abend in die dunklen Toreingänge und Winkel in den Parks, und Sie werden es verstehen.«

*183.* Ein alter Mann: »Es ist nicht war, daß uns das Alter kindisch macht. Wir bleiben unser ganzes Leben lang kindisch, und das wird im hohen Alter nur auffälliger durch den Kontrast mit dem biologischen Altern.«

*184.* Eine Frau in einer psychoanalytischen Sitzung: »Wissen Sie, ich hatte gerade einen nachträglichen Einfall. So einen Gedanken, der die Treppe heraufkommt, wenn schon alle Gäste da sind.«

*185.* Ein Patient: »Muß ich wirklich mich selbst kennen? Ich dachte gerade neulich erst, daß ich meinen Bekanntenkreis gern reduzieren möchte. Ich würde mich selbst wirklich gern überspringen und es vorziehen, mir selbst fremd zu bleiben, wenn nur die anderen mich kennen.«

*186.* Ein älterer Mann: »Nur junge Menschen sind frei und können in die Welt hinausgehen. Wir alten Leute sind in uns selbst, in unseren alten Ideen und Vorurteilen gefangen. Es gibt keine neuen Möglichkeiten für uns, und die innere Welt wird immer enger, als wäre sie ein Gefängnis oder vielmehr ein Grab.«

*187.* Ein Psychiater erklärt: »Es gibt nur zwei Abkürzungswege zur Genesung von emotionalen Störungen: man muß sich in jemanden verlieben oder sich für etwas begeistern, für eine Sache oder eine Idee. Wie schade, daß uns auch diese Auswege nur zu demselben Punkt zurückführen, an dem wir vor kurzem schon einmal waren.«

»Die Therapie emotionaler Störungen ist in hohem Maße eine Frage der Alternativen.«

*188.* Ein junger Jude: »Die alten Hebräer zogen die Schuhe aus, wenn sie heiligen Boden betraten. Frauen steigen auf jedem Boden aus ihren Schuhen. Ich sah, wie eine Frau, die sich auf einer Dinnerparty zu Tisch setzte, augenblicklich die Schuhe abstreifte und sie wieder anzog, als sie bereit war, vom Tisch aufzustehen.«

*189. Erinnerungen an das alte Wien.* Als kleiner Junge sah ich oft Nonnen auf den Straßen und dachte zuerst, sie wären Pinguine, diese komischen Vögel, die ich in meinen Bilderbüchern gesehen hatte. Die Nonnen sahen aus wie sie mit ihren langen schwarzen

Röcken und dem Stück weißen Tuches auf dem Kopf. Man sah beinahe kein Gesicht.

Immer wenn davon die Rede war, daß eine Lage ganz anders sein könnte, wenn nur gewisse andere Dinge anders wären, machte sich mein Vater über die Unsinnigkeit solch müßiger Diskussionen lustig, indem er sagte: »Wenn Tante Fanny Räder hätte, wäre sie ein Omnibus.«

*190.* Eine Frau während ihrer ersten psychoanalytischen Sitzung: »Ich glaube, da sitzt eine Fliege auf dieser Wand. Ich hoffe in Ihrem Interesse, daß es keine Wanze ist.«

*191.* Ein Mann: »Frauen fällt es schwer, zur Sache zu kommen. Sie beginnen beinahe immer an der Peripherie und arbeiten sich zum Zentrum durch. Vielleicht hat das etwas mit ihren Kurven zu tun.«

»›Bist du ein Mann oder eine Maus?‹ fragte mich heute meine Frau, als ich ihr sagte, daß ich es nicht wage, meinen Chef schon wieder um eine Gehaltserhöhung zu bitten. ›Eine Maus‹, antwortete ich, denn ich weiß, daß sie keinen Mann fürchtet, aber vor der kleinsten Maus Angst hat.«

*192.* Zusätzliche Bemerkungen über den Ursprung der Verdrängung: Wenn der Verdrängungsprozeß außerhalb des Kindes seinen Ursprung hat (bei Eltern und Erziehern) und dann internalisiert wird, warum erinnert man sich dann dieses Ursprungs so selten? Die Frage läßt sich vielleicht am besten durch einen Vergleich beantworten: Das Kind wird oft von den Eltern ermahnt, vor dem Überqueren einer Straße nach links und nach rechts zu schauen, um sich vor herannahenden Fahrzeugen zu hüten. Zwanzig Jahre später tut das der Erwachsene automatisch und ist vorsichtig beim Überqueren einer Straße. Aber nur in Ausnahmefällen wird er sich daran erinnern, daß die zur Gewohnheit gewordene Vorsicht eine Folge der Ermahnungen der Mutter oder des Vaters ist.

*193.* Ein Anwalt träumt, daß er in einem Fall, den er unlängst verloren hat, Berufung einlegt. In Wirklichkeit hat er nicht die Absicht, das zu tun. Nachdem er den Traum erzählt hat, spricht er in seinen Gedankenassoziationen von dem Abend vor dem Traum. Er hatte eine Frau, zu der er sich hingezogen fühlte, mit nach Hause genommen und war impotent gewesen. Damit ist der Weg zur Deutung des Traumes geebnet. Beim Einschlafen nahm sich der Anwalt vor, es noch einmal mit der Frau zu versuchen und seine sexuelle Potenz zurückzugewinnen. Die Traumentstellung drückte sich hier in der Verschiebung von der sexuellen auf die juristische Sphäre aus. Die Gedankenverbindung ist natürlich dadurch gegeben, daß er unlängst diesen Fall vor Gericht verloren hat.

*194.* Ein sehr alter Mann macht der jungen, schönen Frau eines Mannes in den frühen Dreißigern Komplimente, wendet sich dann an den Mann und sagt: »Ich wollte, ich könnte Ihnen noch Grund zur Eifersucht geben, Sir.«

*195.* Ein Automechaniker in einer Garage, ein primitiver Mann, der nicht über die Grundschule hinausgekommen ist, begann eine Affäre mit einer geschiedenen Frau, die in demselben Haus wohnte. Diese Frau war einige Jahre älter als er, College-Professorin und dem Mann nicht nur in gesellschaftlicher Hinsicht, sondern auch durch ihre Bildung weit überlegen. Der Mann, der immerhin eine gewisse Intelligenz besaß, fragte sich, was die Frau in ihm sah und was sie bei ihm fand, was ihr andere Männer nicht geben konnten. Er fand schließlich den Mut, sie direkt danach zu fragen. Sie antwortete einfach: »Bei dir kann ich mich entspannen.«

*196.* Das folgende ist ein außergewöhnliches Beispiel dafür, wie sich die Wut einer Frau ausdrücken kann. Eine Patientin, eine Frau in mittleren Jahren, die mit ihrem Mann auf einer einsamen Farm in New Mexico lebte, hatte einmal einen heftigen Streit mit ihm. Während er später in seinem Zimmer saß und Briefe schrieb, ging sie an seinen Schrank, nahm alle seine Hosen und versteckte sie im Keller in einem Reisekoffer. Dann ging sie in den Stall, sattelte ihr Pferd und ritt stundenlang durch die Felder. Als sie endlich zurückkehrte, war ihr Mann verzweifelt, denn er hatte etwas Wichtiges im Dorf zu erledigen und konnte ohne Hosen nicht hinfahren.

*197.* Eine junge verheiratete Frau: »Ich verstehe die beiläufige Art nicht, in der Männer über den Geschlechtsverkehr mit Frauen in der Vergangenheit reden. ›Ach was‹, sagt mein Mann, ›das war nur so eine Balgerei im Heu und hatte nichts zu bedeuten.‹ Was würden die Männer sagen, wenn wir Frauen in bezug auf sexuelle Affären mit Männern ebenso empfinden würden?«

»Wenn mein Mann nur Geschlechtsverkehr hätte, wenn ich es wirklich will, würde er jeden Monat nur an gewissen Tagen ein paar Gelegenheiten haben.«

»Während mein Mann mich liebt, denke ich manchmal darüber nach, was ich am nächsten Tag zum Abendessen kochen soll.«

*198.* Ein Mädchen erzählt seine Lebensgeschichte: »Meine Mutter starb vor vier Jahren. Wir hatten am Morgen einen großen Streit, aber am Abend war alles wieder gut. Aber sie starb am nächsten Tag an einem Herzanfall, und seither kann ich den Gedanken nicht loswerden, daß ich durch diesen Streit an ihrem Tod schuld bin.«

*199.* Ein Psychologe: »Goethe bevor er *Die Leiden des jungen Werthers* schrieb und danach – das sind zwei verschiedene Menschen. Ich habe mich oft gefragt, warum sich Psychiater und Psychologen auf die Vorbedingungen der Kreativität konzentrieren und die psychotherapeutische Wirkung des kreativen Schreibens nicht bedenken.«

»Ich glaube, ein Schriftsteller hat sein Material wie ein Bildhauer, es ist nur nicht sichtbar. Es ist in seinem Geist. Er arbeitet an diesem Material wie der Bildhauer an einer Figur, die er sich vorstellt. Er schlägt Stücke weg, fügt ein wenig hinzu, tritt zurück und betrachtet es, als wäre er ein Fremder, ein Zuschauer von draußen.«

*200.* Ein Schriftsteller: »Ein Mann, der sich mit seinen Freunden in einem Restaurant zusammensetzt und einen ganzen Abend bis in die Nacht hinein redet, die Leute in seinem Büro beschreibt, wie sie sind und wie sie zueinander stehen, und dann des langen und breiten über seine Frau und seine Kinder spricht und schildert, wie sie sind und was sie sagen und tun – ein Mann, der das Abend für Abend tut, ist vielleicht ein gewandter Unterhalter, aber kaum ein guter Schriftsteller.«

*201. Der Mensch als soziales Wesen:* Männer wie Frauen können nicht mit anderen auskommen, solange sie nicht gelernt haben, mit sich selbst zu leben. Aber wer sind sie selbst? Zu einem großen Teil sind ihre Persönlichkeiten das Resultat der Introjektion ihrer Eltern oder anderer Personen, die eine entscheidende Rolle bei der Formung ihrer Persönlichkeit in der Kindheit spielten.

Wer nicht mit sich selbst leben kann, setzt so einen Konflikt mit den Personen fort, die seinen kindlichen Charakter geformt haben. Auf diesem Umweg kommt man zu dem Schluß: Wer nicht mit sich selbst leben kann, muß große Schwierigkeiten gehabt haben, mit anderen auszukommen.

*202. Beziehungen zum Psychoanalytiker:* Ein sarkastischer Patient: »Das körperliche Gebrechen, das ein Psychoanalytiker am

leichtesten ertragen kann, ist Taubheit, da er ohnehin nicht zuhört.«
»Ich habe Ihnen ein sehr praktisches und passendes Weihnachtsgeschenk mitgebracht – einen Nußknacker.«
*203.* Ein Mann in den Sechzigern: »Gestern vor dem Einschlafen dachte ich an Goethes *Faust*. Welcher alte Mann würde nicht dem Teufel seine Seele verkaufen, wenn er die Gewißheit hätte, noch einmal jung sein zu können?«
*204.* Ein junger Mann, der manchmal zu seinen psychoanalytischen Sitzungen kommt, nachdem er einige Martinis genossen hat, betritt das Sprechzimmer mit den Worten: »Hallo, Paps!«
*205.* Traumdeutung. Ein junger Mann, in dessen Psychoanalyse ich nachweisen konnte, daß er sich in der Kindheit davor gefürchtet hatte, von seinem Vater kastriert zu werden, träumte: »Ich greife meinen Vater mit einem Messer an und schlitze ihm die Kehle auf.« Der Traum scheint in flagrantem Widerspruch zu meiner vorausgegangenen Behauptung zu stehen, aber das gilt nur für seinen manifesten Inhalt. Die Deutung erfordert eine Umkehrung des latenten Inhalts – die einerseits meine Feststellung bestätigt und andererseits sozusagen die entsprechende Handlung des Sohnes gegen seinen Vater enthält. Die Traumentstellung wird transparent, wenn man die Verschiebung von unten nach oben, vom Penis zum Hals, bedenkt.
*206.* Ein nichtjüdischer Patient: »Es gibt keine Feindschaft mehr zwischen Nichtjuden und Juden, nur ein Unbehagen.«
*207.* Ein Jude mittleren Alters: »Jeder jüdische Vater strebt danach, daß sein Sohn einmal sein gutes Auskommen hat, und jede jüdische Mutter möchte, daß ihre Tochter einen solchen Mann heiratet.«
*208.* Ein Mann in mittleren Jahren, der sich an seine Kindheit erinnert: »Meine Mutter sagte mir, daß ich nie das Messer, mit dem ich Fleisch schneide, in den Mund stecken darf. Am Freitag aß immer eine alte Tante bei uns zu Abend. Ich neckte sie gern, besonders wegen ihrer Tischmanieren. Sie nahm die Speisen auf das Messer und schob sie so in den Mund. Einmal fragte ich sie: ›Tantchen, magst du gern scharfe Sachen?‹ Später wurde ich von meiner Mutter wegen meiner Frechheit gescholten.«
Derselbe Mann über bevorzugte Speisen: »Ich esse gern *Mazzekugl*-Suppe, besonders wenn sie mit kleinen Schinkenstückchen

gekocht wird.« (D.h. Suppe mit Matzeklößen, eine typische Sabbatspeise, aber mit nicht koscherem Schinken zubereitet. Anm. des Übers.)

Ein älterer Jude: »Ich stimme Freud zu, daß wir in unserer Zivilisation keine Religion mehr brauchen. Ihre Funktion war auch vor unserer Zeit nicht so sehr der Glaube an Gott, sondern vielmehr die Regelung des gesellschaftlichen Verkehrs.«

Derselbe Mann: »Christentum, Judaismus, Islam – für mich ist das alles eins. Ich habe nichts gegen die Religion, aber es sollte keinen Gott geben.«

*209.* Ein Seminarstudent berichtet über einen Fall: »Die Patientin machte in ihren ersten psychoanalytischen Sitzungen lange Pausen, und wenn ich sie bat, mir zu sagen, woran sie dachte, antwortete sie: ›Ich habe ein Geheimnis und kann nicht mit Ihnen darüber sprechen.‹ Ich sagte ihr, daß sie natürlich später mit mir darüber sprechen kann, wenn sie einmal mehr Vertrauen zu mir hat, daß es aber selbstverständlich unmöglich war, einen bestimmten Bereich einfach auszuschließen. Dann fiel mir der Vergleich Freuds ein, von dem uns Dr. Reik berichtet hatte, und ich wiederholte ihn und sagte: ›Nehmen wir an, daß die Polizei jeden Teil einer Stadt betreten kann mit Ausnahme eines bestimmten Viertels, zu dem ihr der Zugang verboten ist. Glauben Sie, daß die Sicherheit der Bewohner dieses Viertels gewährleistet werden könnte?‹«

*210.* Ein anderer Student berichtet über einen Fall: »Der Patient schlief mitten in der Sitzung ein, nachdem er zuvor schon gegähnt und sehr leise gesprochen hatte. Ich ließ ihn schlafen, und als er aufwachte, sagte ich ihm, daß er unbewußte Todeswünsche gegen mich hegte, die er agierte, indem er mir demonstrierte, daß ich sterben, in den ewigen Schlaf eingehen solle.«

*211.* In einem anderen Seminar für Psychoanalyse-Studenten wurde die emotionale Entwicklung eines Patienten diskutiert. Es wurde darauf hingewiesen, daß seine gegenwärtige feminine und masochistisch-passive Einstellung zu seinem Vater und zu Vaterfiguren nicht ausschließt, daß eine Kindheitsphase vorausging, in der er eine stark maskuline und sogar rivalisierende Einstellung zu ihnen hatte. Unter dem tiefgehenden Einfluß der Kastrationsangst gab er dem Vater nach und geriet unter das Regime des umgekehrten Ödipuskomplexes. Diese Entwicklung ist leicht verständlich, wenn man in historischen Begriffen denkt und die verschiedenen Schichten der individuellen Entwicklung mit den Schichten vergleicht, unter denen Heinrich Schliemann Troja entdeckte und ausgrub.

*212.* Ein Patient nach einer psychoanalytischen Deutung: »Wenn ich Sie richtig verstehe, betrachten Sie die Kindheit als eine Art von Kindergarten für das Liebesleben des Menschen?«

*213.* Ein Student, der unter Depressionen leidet, berichtet: »Ich fragte den alten Philosophieprofessor, den ich nach der Vorlesung nach Hause begleitete, ob es eine Formel für das Glücklichsein gebe. Er lächelte und sagte: ›Ich bezweifle es.‹ Aber ich ließ nicht locker und fragte ihn, ob es wenigstens eine Formel gibt, wie man weniger unglücklich wird. Er sah mich an und sagte: ›Vielleicht, wenn man verhindern kann, daß die Menschen alt werden.‹ Aber ich bin jung, und ich bin unglücklich. ›Ach‹, sagte er, ›das geht vorbei. Das Wichtigste ist, gesund zu bleiben.‹ Sehen Sie, wie er von einer Meinung zur anderen überwechselte?«

Derselbe junge Mann in derselben Sitzung: »Ich glaube, daß Frauen im allgemeinen weniger unglücklich sind als Männer. Das kommt daher, daß sie die Dinge nicht so ernst nehmen wie Männer. Sie behandeln nicht dieselben Dinge so ernst wie wir, haben keine Prinzipien und scheren sich den Teufel um Gesetze und Orthographie. Sogar finanzielles Elend schreckt sie nicht. Sie können sehr traurig sein und im nächsten Augenblick laut lachen. Sie sind emotional den Kindern soviel näher.«

*214.* Ein Psychologe: »Ich mache in der Klinik den Rohrschach-Test, freie Assoziations-Tests und dergleichen. Um die Wahrheit zu sagen, ich habe kein großes Vertrauen zu all diesen Tests. Eine kleine Geschichte, die ich neulich hörte, paßt sehr gut hierher: Ein Psychiater, der die erste Sitzung mit einem Patienten hat, zeichnet mit dem Bleistift zwei nahe beieinanderliegende Punkte auf ein Stück Papier. Er zeigt es dem Patienten und fragt ihn, was er da sieht. Der Patient antwortet: ›Zwei Fliegen, die Geschlechtsverkehr haben.‹ Der Psychiater nimmt das Papier, vergrößert die beiden Punkte, zeigt sie wieder dem Patienten und stellt dieselbe Frage. Der Patient antwortet: ›Das sind zwei Fliegen, die Geschlechtsverkehr haben.‹ Der Psychiater denkt darüber nach und sagt zum Patienten: ›Sie wissen, daß Sie ein sexuelles Problem haben.‹ Der Patient antwortet: ›Ja, aber Sie helfen mir nicht damit, daß Sie mir all diese schmutzigen Bilder zeigen.‹«

*215.* Zorn braucht nicht verdrängt zu werden, um emotional schädlich zu sein. Er kann auch längere Zeit nur geleugnet oder abgestritten werden oder er kann sich aufstauen. Was immer die Gründe dafür sind, daß er nicht ausgedrückt wird, heftiger Zorn oder Groll wird verborgene Kanäle finden, um sich bemerkbar zu machen. Am besten lassen sich Reaktionen dieser Art im Eheleben beobachten, in dem ein von der Frau oder dem Mann verleugneter Ärger an einer anderen Stelle oder in einer Situation Ausdruck findet, deren Art und Umstände ganz andere sind, als die der ursprünglichen.

Was geht aus diesen Beobachtungen in bezug auf Lebensweisheit oder seelische Hygiene hervor? Es ist oft unmöglich, heftigen Ärger auszudrücken, weil man damit einen geliebten Menschen kränken würde, weil die soziale Situation eine solche Manifestation verbietet oder aus verschiedenen anderen Gründen. Die Verleugnung so starker Gefühle kann emotional schädlich sein und stellvertretend einen stürmischen und offenbar ungerechtfertigten Ausdruck finden, besonders im Fall der Anhäufung.

Der beste psychologische Rat ist, Verdrängung und Verleugnung soweit wie möglich zu vermeiden, so daß die Gefühle des Ärgers oder des Zorns der Person bewußt sind, die sich zurückhält oder beherrscht, besonders wenn es die Situation erfordert.

*216.* Ein alter Mann bei seinem ersten Interview: »Ich habe diese Klaustrophobie seit meinem zwanzigsten Lebensjahr... Jetzt bin ich zweiundsechzig. Ich bin auf einer Rolltreppe immer überängstlich. Wie lange würden Sie brauchen, um das zu kurieren?«

*217.* Ein Mann bei der psychoanalytischen Behandlung: »Als kleiner Junge schämte ich mich, weil meine Eltern geschieden waren, und ich dachte, ich müsse ein sehr unartiger Junge gewesen sein.«

*218. Eine Kindheitserinnerung:* Ein Patient erinnert sich, daß ihn sein Vater zum erstenmal auf den Golfplatz mitnahm, als er sechs Jahre alt war. Als der Wagen beim Golfplatz ankam, zeigte der Vater dem Jungen ein Gebäude, in das er gehen sollte, um die Schläger und den Ball zu holen. Der Junge war gern bereit, sie zu holen, aber was ihn erstaunte, war die Art, wie er sie verlangen sollte: »Sag dem Mann dort, daß du die Schläger und den Ball für Mr. Edward Glanz haben möchtest!« Er fragte sich, warum es sein Vater für nötig hielt, ihm seinen Namen zu nennen, so als wüßte er ihn nicht.

*219.* Die seltsame Kindheitserinnerung einer Patientin war mir lange Zeit ein Rätsel. Das Mädchen, die Tochter eines osteuropäischen Rabbis, empfand keine große Trauer und keinen schweren

Kummer, als ihr Vater starb. Sie war damals zehn Jahre alt und hatte ihren Vater sehr bewundert und geliebt. Auffällig war nicht das Fehlen der Trauer um ihn, sondern mehr noch ein Gefühl der Befriedigung über seinen Tod. Die Patientin erinnerte sich deutlich, daß sie damals diese Befriedigung empfunden hatte, fand aber keine Erklärung dafür. Die Lösung dieses psychologischen Rätsels ergab sich erst viel später im Laufe der psychoanalytischen Behandlung, und sie mußte aus anderen Kindheitserinnerungen abgeleitet werden, die in einem anderen Zusammenhang auftauchten. Einige Jahre vor dem Tod ihres Vaters kam ein Gelehrter, den sie oft mit ihrem Vater talmudische Probleme diskutieren hörte, mehrere Male ins Haus, wenn ihr Vater abwesend war. Dieser Mann, der einige Jahre jünger als ihr Vater, aber auch hochgeachtet war, nutzte die Abwesenheit des Hausherrn aus, um sexuelle Spiele mit dem Mädchen zu treiben. Sie schämte sich sehr, wagte aber weder, ihn zurückzuweisen, noch ihrem Vater etwas zu sagen. Ihre, mit der Zeit immer größer werdende, Sorge war, daß ihr Vater diese beschämenden sexuellen Vorfälle entdecken könnte. Ihre wachsende Angst bei dem Gedanken an eine solche Möglichkeit führte schließlich zu der unbewußten Idee, daß ihr Vater sterben könnte, bevor er von diesen Dingen erfuhr. Diese Gedankenverbindung erklärt das Fehlen der Trauer um den geliebten Vater ebenso wie die seltsame Befriedigung nach seinem Tod.

*220. Zur Psychologie der Frauen:* Eine Frau, die oft stolz ist, anders zu sein als andere Frauen, entweder in ihrer Lebensweise (Beruf, lediges Mädchen, Hure oder Nonne) oder in einer besonderen gesellschaftlichen Situation, wird dennoch manchmal Stimmungen haben, in denen sie wünscht, so zu sein wie andere Frauen, die sie zu anderen Zeiten nicht zu beneiden braucht. Sie kann dann wünschen, die Freuden und Sorgen anderer Frauen zu haben und ihr Schicksal zu teilen, selbst wenn sie sie zuvor verachtet hat. Es handelt sich dabei nicht so sehr um Konformität oder das Bedürfnis, sich unterzuordnen, als vielmehr um den Wunsch, das gewöhnliche Schicksal aller Frauen zu teilen und nicht aus ihrer Gemeinschaft ausgeschlossen zu sein.

*221.* Ein Patient über einen ihm bekannten Psychoanalytiker: »Manche Menschen verstehen es sehr gut, die Probleme anderer Leute zu lösen, sind aber ihren eigenen gegenüber hilflos.«

*222.* Ein älterer Mann: »Was ist die Religion letzten Endes? Ein Versuch, uns, die sterben werden, zu trösten.«

*223.* Ein neurotischer Patient berichtet: »Es bereitet mir ein besonderes Vergnügen zuzusehen, wie eine junge Frau Handschuhe anzieht, vor allem enge weiße. Ich beobachte ihre Bewegungen, wie sie sie über die Finger schiebt, so daß sie eng anliegen und keine Falten machen.« Die psychoanalytische Deutung dieser symptomatischen Vorliebe gelangt zu dem Schluß, daß hier eine Übertragung von unten nach oben stattgefunden hat. Unbewußt identifizierte der Patient die Hand mit dem Penis und den Handschuh mit den weiblichen Genitalien. Die Symbolik führt uns so zu der Deutung: die Frau selbst führt den Penis in die Vagina ein und paßt sich ihm an.

*224. Beethoven:* Bismarck sagte, er würde sich immer mutig fühlen, wenn er täglich Beethovens Sinfonien hören könnte. Das war vor hundert Jahren. Die heutigen Staatsmänner können Beethovens Sinfonien dank der modernen Technik nicht nur täglich hören, sondern sooft sie wollen. Man hat aber als Folge davon keine emotionalen Besserungen bei Staatsmännern beobachten können.

*225.* Ein Schriftsteller, der liest, was er vor langer Zeit geschrieben hat, ist im allgemeinen unzufrieden damit, und manchmal erkennt er sogar seine eigenen Worte nicht wieder. Er erlebt etwas ähnliches wie Toscanini, der einmal auf einer Dampferreise eine Schallplattenaufnahme von Beethovens *Eroica* hörte, sich über die Aufführung regelrecht ärgerte und im höchsten Maße unzufrieden war. Man sagte ihm schließlich, daß er selbst die Sinfonie dirigiert hatte, als die Aufnahme gemacht wurde.

*226.* Ein High-School-Lehrer: »Ich hatte einen Traum. Darin mußte ich einige Rechenaufgaben geben, und zwar nur Frauen. Meine Mutter und meine Schwester waren auch darunter. Es handelte sich um Multiplikationen... Ach, das ist doch wieder der alte Mist! Multiplikation, Frauen, die multiplizieren, reproduzieren.«

*227. Ein mathematisches Problem:* Ein Patient, der oft in die Zeitung eines Nachbarn im Bus oder in der U-Bahn hineinsah, las einmal zu seiner großen Überraschung seinen eigenen Namen (die Ankündigung eines seiner Bücher, das eben erschienen war). Der Patient befaßte sich daraufhin mit der Frage: Wie groß ist nach der Wahrscheinlichkeitstheorie die Chance, daß ein ›Mitleser‹ seinen Namen in einer Zeitung findet, die ein Fremder in einem Bus oder in der U-Bahn liest – besonders wenn der heimliche Leser keine Berühmtheit ist?

*228.* Ein junger Mann: »Meine Freunde und ich saßen auf einer

Bank im Central Park und sprachen über Frauen und sexuelle Erlebnisse. Auf der Nachbarbank saß ein sehr alter Mann. Er mußte unwillkürlich hören, was wir sagten. Ich sah von Zeit zu Zeit verstohlen zu ihm hinüber. Er lächelte nicht einmal über unser Geplauder. Er sah nur traurig drein. Ich wäre gern zu ihm hinübergegangen, um ihn zu fragen, was er über Liebe und Sex dachte.«

*229.* Ein Psychologe, der an einer Dissertation über die Psychologie des Greisenalters arbeitete: »Es ist bemerkenswert, daß sich der Interessenkreis eines alten Mannes viel stärker und schneller verengt als der einer alten Frau.«

*230.* Ein Mann, der aus dem Sommerurlaub zurückgekehrt war: »Da stand Tomatensuppe auf der Speisekarte des Hotels (das von Quäkern geleitet wurde), und ich sagte zum Kellner: ›Tomatensuppe ist dem Herrn ein Greuel.‹«

Über eine Frau: »Sie sagt: ›Ich habe meinen Stolz‹, aber sie vergißt ihn manchmal.«

*231.* Ein junger Mann: »›Sei kein Esel‹, sagte ich zu meinem Freund, aber ich weiß, daß diese Ermahnung vergeblich war. Er ist genaugenommen kein Esel, sondern ein Maulesel und so unverbesserlich stur wie ein Maulesel.«

*232.* Es gibt gewisse charakteristische Züge, die Angehörige desselben Berufes – Schriftsteller, Juristen, Ärzte, Tischler, Kellner – gemeinsam haben. Es scheint, daß derselbe Beruf bei denen, die ihn ausüben, bestimmte Manieren und Manierismen entwickelt und sie über die Volkszugehörigkeit und Religion hinaus abstempelt. Sogar die professionelle Qualität hat verschiedene Nuancen und Schattierungen. Man denke an die Freundlichkeit des Kolonialwarenhändlers, der einen als Kunden begrüßt, an die einladende Liebenswürdigkeit des Anwalts, dessen Klient man sein wird, und an die würdevolle Freundlichkeit des Arztes, der die Tür seines Sprechzimmers öffnet und einen hereinbittet.

*233.* Ein Psychologe in der Lehranalyse: »Heute sah ich im Bus eine Anzeige für CARE-Pakete. Unter dem Bild eines kleinen Jungen stand: ›Hunger kann nicht warten.‹ Ich kam gerade von einer Vorlesung über die Theorie der Sublimierung und fragte mich: ›Kann Sex warten?‹ Die Theorie betrifft libidinöse Gefühle wie Sehnsucht oder Liebe, die sublimiert werden können, aber rein körperliche Empfindungen – ›sexuelle Erregung‹ – können nicht sublimiert werden. Es fehlt die Zeit dazu. Man kann das Pissen für eine kurze Zeit aufschieben, aber wenn der Drang übermächtig wird, muß man's laufen lassen. Sexualität in ihrer rohen, ursprünglichen Form kann ebensowenig warten wie Hunger. Ein Mann, der zu ›sublimieren‹ versucht, wenn er sexuell erregt ist, wird nicht überrascht sein, wenn er spürt, daß er gleich einen Samenerguß haben wird, und auch eine Frau wird spüren, wie sie feucht wird, und einen Orgasmus erleben, was immer das bei Frauen sein mag.«

»Gestern sah ich in der *New York Times* eine Anzeige für die Berlitz-School: einen kleinen Negerjungen und dazu die Zeile: ›Er spricht Ewe. Sie auch?‹ Ich dachte an eine Diskussion, die wir unlängst über die seltsamen Kommunikationsmittel hatten, die Frauen anwenden, wenn sie in Gesellschaft von Männern sind. Wir verstehen diese Art von gegenseitigem Verständnis nicht. Es ist, als liefe es in einer anderen Spur oder Rille, und wenn Frauen miteinander reden, ist es oft so, als gebrauchten sie eine unübersetzbare fremde oder regelrecht exotische Sprache wie Ewe. Wir hatten uns in der Diskussion hauptsächlich mit der Frage beschäftigt, ob diese Art der Kommunikation etwas mit ihrer Weiblichkeit zu tun hat oder ob eine alte Tradition unter Frauen von einer Generation an die nächste weitergegeben wird. Bei längerem Nachdenken kam ich zu dem Schluß, daß hier kein unversöhnlicher Widerspruch vorliegt, denn der kleine Negerjunge lernte ja Ewe auch von seinen Eltern und besonders von seiner Mutter, die unaufhörlich mit ihm sprach, als er klein war.«

*234. Der Chef:* »Heute verlor mein Chef die Geduld mit mir und schrie: ›Fahren Sie zur Hölle.‹ Ich antwortete: ›Da bin ich schon seit langem. Ich arbeite jetzt schon das sechste Jahr in Ihrem Büro, *Sir*.‹«

*235. Der Koffer.* Von wenigen Ausnahmen abgesehen, packen Frauen ihre Koffer sorgfältig. Wenn man den Koffer einer Frau öffnet und sieht, daß er sehr unordentlich mit allem möglichen vollgestopft ist – Wäsche, Kleider und Schuhe achtlos durcheinander –, gibt es drei Möglichkeiten: die Frau ist entweder schizophren, oder sie packte in blinder Eile, oder sie befand sich in einem außergewöhnlichen emotionalen Tumult und war heftig bewegt. Wenn man die Möglichkeit der Schizophrenie ausschließen kann, ist die wahrscheinlichste Annahme, daß die Frau sehr erregt war, denn nur sehr aufgeregte Frauen haben es eilig.

*236. Das gleiche Kleid.* Zwei der elegantesten Frauen Wiens wurden

im Salon von M. handgemein – nicht, wie man glauben könnte, aus Eifersucht wegen eines Mannes, sondern wegen eines Kleides. Beide waren unlängst aus Paris zurückgekehrt und hatten dort das gleiche Kleid gekauft. Sie begegneten einander auf einer Gesellschaft, beide gleich gekleidet. Die Szene weitete sich zu einem regelrechten Skandal aus.
237. *Nach der Operation.* »Nein«, sagte die Schwester zum Besucher, »ich habe der Patientin noch nicht die Temperatur gemessen, aber ich weiß, daß es ihr viel besser geht. Als sie heute morgen aufwachte, verlangte sie als erstes ihren Lippenstift und als nächstes ihr neues Bettjäckchen.«
238. *Der fliegende Teppich.* Gibt es bestimmte Abflugzeiten für fliegende Teppiche? Oder kann jeder starten, wann er will? Wenn es einen Flugplan gibt und man einen fliegenden Teppich verpaßt, kann man dann den nächsten nehmen? Und womit zahlt man den Flug? Nur mit dem Verlust des Sinnes für die Wirklichkeit?
239. *Das Ich.* Eine ganze Reihe psychologischer Probleme von Individuen und Gruppen wäre leichter zu lösen, wenn man in Betracht ziehen wollte, daß das *Wir* viel älter ist als das *Ich*. Wenn man das Intervall zwischen der Masse und dem Erscheinen des Individuums messen will, zieht man als Vergleich am besten die Zeit heran, in der dem Kind zum erstenmal bewußt wird, daß es ein eigenes Individuum ist und *ich* sagt. Vor dieser Zeit spricht das Kind von sich selbst in der dritten Person. Das Kind betrachtet sich also zuerst so, wie andere es betrachten, und sieht sich noch nicht als eigenes Wesen.
240. *Selbsthaß.* Frauen würden es nicht gern zugeben, aber manchmal hassen sie sich selbst, nachdem sie ihr Mann oder Liebhaber wegen etwas getadelt hat, was sie falsch gemacht oder unterlassen haben. Ein solcher Selbsthaß taucht oft auf, nachdem der Mann gegangen ist und sie mit sich selbst allein sind.
241. *Eheliches Zwischenspiel.* »Ja, ich habe den ganzen Morgen an ihm herumgenörgelt, aber er hat die Zeitung gelesen und mich überhaupt nicht beachtet. Dann legte er die Zeitung beiseite und sagte nur: ›Kriech von mir runter, ja?‹«
242. *Sexuelles Vorspiel.* Wenn man die psychologische Bedeutung und die Auswirkungen des sexuellen Spiels bedenkt, bei dem alles außer dem Geschlechtsverkehr selbst stattfindet, wundert man sich über die umschreibenden Wendungen, die wir gebrauchen. Sprechen wir nicht von »schwerem Petting«?

243. *Der Mann und die Ehe:* »Es genügt meiner Frau nicht, daß ich sie die ganze Zeit reden höre – ›bla-bla-bla‹. Sie erwartet auch noch, daß ich mir anhöre, *was* sie sagt.«

244. *Frauen über Frauen:* »Sie fragen mich, woher ich weiß, daß meine Freundinnen schreckliche Dinge über mich sagen, wenn ich nicht dabei bin? Das ist sehr einfach. Ich sage ja auch gräßliche Dinge über jede von ihnen, wenn sie nicht dabei ist. Der Klatsch ist eine Straße mit Gegenverkehr... Wissen Sie, ich glaube, daß es sogar im Himmel Klatsch gibt; zumindest unter den weiblichen Engeln, dessen bin ich gewiß.«

245. *Erziehung.* Die Kunst und Wissenschaft der Erziehung ist fasziniert von den Problemen, die Kinder haben, und beschäftigt sich mit der Frage, wie man diese Probleme am besten bewältigt. Mir scheint, daß die Pädagogik mit dieser Einseitigkeit die Persönlichkeit des Erziehers vernachlässigt. Wie man ein Kind erziehen soll, hängt nicht nur von der Art des Kindes ab, mit dem man es zu tun hat, sondern auch von der Art des Pädagogen, der die Aufgabe übernimmt. Mit anderen Worten: »Pädagoge, erziehe dich selbst!«

246. *Über Narzißmus.* Es gibt eine gewisse Art von verschrobenem und verallgemeinertem Narzißmus, der sich nicht auf die Person selbst beschränkt. Viele Frauen, zum Beispiel, lieben sich selbst so sehr und sind so eitel und prahlerisch, daß sie zutiefst davon überzeugt sind, die schönsten und begabtesten Kinder der Welt, den besten Ehemann, die hübscheste Wohnung und sogar die liebste Schwiegermutter zu haben.

247. *Dialogfragment:* »Ich habe das Mädchen geschwängert, also...«
»Du hast das Mädchen geschwängert, sagst du? Ich wußte gar nicht, daß du das in dir hast.«

248. *Ein Mädchen über junge Männer:* »Entweder tun sie es, oder sie werden zudringlich, weil sie es tun wollen oder zumindest daran denken, es zu tun. Ich frage mich manchmal, ob sie auch einmal an etwas anderes denken, wenn sie mit einer jungen Frau zusammen sind.«

249. *Mut.* Man braucht Schneid, um zu tun, was man wirklich tun will. Mehr noch: man braucht Schneid, um sich richtig zu überlegen, was man wirklich tun will.

250. *Die Verschwörung der Berufe.* Bernard Shaw ließ eine der Fi-

guren in *Der Arzt am Scheideweg* sagen: »Alle Berufe sind Verschwörungen gegen die Laien.« Er hätte hinzufügen können, daß eine der besten Schutzmaßnahmen gegen das Eindringen von Laien der professionelle Jargon ist, die mehr oder weniger wissenschaftliche Terminologie. Manche Juristen, Ärzte und Psychoanalytiker haben den Fachjargon mit solcher Virtuosität perfektioniert, daß nicht einmal andere Juristen, Ärzte und Psychoanalytiker imstande sind, den Sinn ihrer Artikel oder Vorträge zu begreifen.

*251. Unbewußter Widerstand gegen die Ehe.* Zwei in letzter Zeit behandelte Frauen zeigten eine überraschende Ähnlichkeit in ihrem unbewußten Widerstand gegen die Ehe. Die jüngere Frau unterhielt Beziehungen zu Junggesellen, die sie mochten und oft mit ihr ausgingen. Wenn die Beziehung zu einem solchen Mann einen gewissen Grad von Intimität oder Zuneigung erreichte, erlebte sie immer eine zunehmende Angst, daß sie den Mann verlieren oder daß er sie verlassen werde. Was er auch immer tat. Entweder ließ er sich nicht mehr blicken, oder er erklärte ihr, daß er sie aus diesem oder jenem Grunde nicht heiraten könne. Es zeigte sich bald, daß sie dieses Ende unbewußt selbst herbeiführte. Ihre Angst war sozusagen der vorweggenommene unbewußte Wunsch mit negativem Vorzeichen.

Die ältere Frau wurde immer in platonische Freundschaften mit Männern verwickelt, die sich als untaugliche Liebesobjekte entpuppten. Sie waren meistens verheiratet, Vater mehrerer Kinder und nicht gewillt, sich scheiden zu lassen, um sie zu heiraten.

In beiden Fällen waren die Frauen auf die Mutter fixiert, und ihr Widerstand gegen eine mögliche Heirat, die sie bewußt wünschten, wurde in hohem Grade durch die unbewußte Entscheidung bestimmt, bei der Mutter zu bleiben.

*252. Entschuldigung und Wiederholung.* Ein begabter Student beobachtete, daß sich jemand sehr aufrichtig und mit vielen Worten entschuldigen kann und dennoch später dieselbe Handlung wiederholt, für die er sich entschuldigt hat.

Diese Beobachtung trifft sicherlich auf die meisten Fälle zu. Der Student äußerte die Meinung, daß die Aufeinanderfolge von Entschuldigung und Tat vielleicht ebenso wirkt wie der Wiederholungszwang. Diese Deutung kann nicht korrekt oder vollständig sein, weil sie die Rolle nicht berücksichtigt, die bei dieser Aufeinanderfolge die Worte spielen, Entschuldigungen werden in Worten ausgedrückt, die sozusagen die Tat ungeschehen machen und die Oberfläche reinfegen, so daß verbotene Impulse wieder auftauchen können.

*253. Weitere Erinnerungen an das alte Wien.* Ein Patient berichtet, daß sein älterer Bruder eine besondere Art hatte, seine Frau zum Narren zu halten. Es gab in Wien nach dem Ersten Weltkrieg eine humanitäre Organisation, die den Armen und Bedürftigen half und *Winterhilfe* genannt wurde. Mitarbeiter gingen von Tür zu Tür und sammelten Spenden für diesen Zweck. Der Bruder des Patienten, ein Beamter, empfing den Sammler sehr höflich und rief seiner Frau zu: »Luise, wunderbare Neuigkeiten! Wir sind gerettet. Die Winterhilfe ist da.«

Eine andere Art, seine Frau zu foppen, war, daß er so tat, als wäre sie taub. Das Paar ging, zum Beispiel, ins Kino, und der Mann schrie seiner Frau laut ins Ohr: »Viele Leute da!« oder »Das Haus ist voll!« Er brachte seine Frau, die ausgezeichnet hörte, in große Verlegenheit, besonders wenn er mit dem Jux nicht aufhörte.

Bei ähnlichen Gelegenheiten, beispielsweise bei einem Theaterbesuch, mochte er seinen Stock nicht an der Garderobe abgeben (übrigens auch, um Geld zu sparen). Er gab vor, auf einem Bein lahm zu sein und den Spazierstock zu brauchen. So humpelte er, auf den Stock gestützt, durch den Mittelgang des Zuschauerraums, während seine Frau vor Verlegenheit rot wurde.

*254. Erinnerung an das frühere Ich.* Es ist relativ leicht, sich an die Vergangenheit zu erinnern, solange das eigene Ich nicht darin vorkommt, aber es ist oft äußerst schwierig, das eigene frühere Ich nachzuschaffen, als Realität zu empfinden, wie man gewesen ist und was die eigenen Handlungen und Erlebnisse motivierte. Das frühere Leben ist ein Traum – manchmal sogar ein Alptraum –, und man ist selbst die undeutlichste Gestalt in diesem Traum.

*255. Gesprächigkeit.* Es gibt gewisse Frauen, die in Gesellschaft so schüchtern sind, daß sie ununterbrochen sprechen müssen, um es zu verbergen.

*256. Die Knoblauchneurose.* Ein Psychiater: »Ich nenne Fälle dieser Art Knoblauchneurose. Jemand, der Knoblauch gegessen hat, fühlt sich nicht unbehaglich; er flößt nur denen, die in seine Nähe kommen, Unbehagen ein. Ebenso sind manche Neurotiker nicht verrückt; sie machen nur alle anderen Leute in ihrer Umgebung verrückt.«

257. Hände, wie eine Frau sie sieht: »Frauenhände, die einen berühren, fühlen sich nie unangenehm an. Männerhände sind entweder wunderbar, wenn man von ihnen berührt werden möchte, oder schrecklich, wenn man nicht von ihnen berührt werden möchte.«

258. *Zur Psychologie des Zauderns.* Das Zaudern entweder als neurotisches Symptom oder als Charakterzug hat noch nicht die psychologische Aufmerksamkeit gefunden, die es verdient. Die allgemeinen Motive solcher Neigungen, Verzögerung und Aufschub, sind offensichtlich genug. Ein bewußter oder unbewußter Gegenwille arbeitet gegen die Beendigung einer bestimmten Aufgabe oder Arbeit. Bemerkenswert ist, daß diese Gegentendenz ihren Zweck auch in Fällen erreicht, in denen der Mensch bewußt eifrig oder sogar mit Begeisterung bei der Arbeit ist.

Wird die Neigung zum Zaudern sehr stark, so erzwingt sie schließlich die Aufgabe der Arbeit. Daraus kann man Schlüsse im Hinblick auf den unbewußten Zweck dieser psychologischen Einstellung ziehen.

Besonderes Interesse verdienen die Fälle, in denen das Zaudern an ein bestimmtes Ereignis oder die Erfüllung einer bestimmten Bedingung gebunden ist. Auch diese Gedankenverbindung kann gelegentlich bewußt und augenblicklich unterdrückt werden, sie bleibt aber in der Mehrheit der beobachteten Fälle unbewußt und muß vom Psychoanalytiker gefunden werden.

Das folgende ist ein gutes Beispiel für einen solchen Fall, in dem das Zaudern extreme Formen annahm und in dem die geheime Bedingung, von der es abhing, entdeckt wurde. Eine Frau von vierzig Jahren lebte mit ihrer alten Mutter zusammen, die große Anforderungen an sie stellte. Die Frau war ledig geblieben und verfolgte ehrgeizig eine akademische Karriere. Die alte Mutter erkrankte und mußte sich einer schwierigen Operation unterziehen. Während die Tochter im Zimmer der Mutter im Krankenhaus wartete, zweifelte sie nicht daran, daß jeden Augenblick eine Schwester oder ein Arzt erscheinen werde, um ihr zu sagen, daß ihre Mutter auf dem Operationstisch gestorben war. Entgegen ihren Erwartungen kehrte die Mutter in guter Verfassung zurück und genas schnell. Es war nicht schwer zu erraten, welcher Art die Gedanken der Tochter waren, die auf den Ausgang der Operation wartete: sie hatten alle Anzeichen eines unbewußten Todeswunsches.

Die Tochter hatte einen Vertrag mit einem Verleger abgeschlossen.

Sie sollte ein wissenschaftliches Buch schreiben. Es war nur natürlich, daß sie die Arbeit aufschob, als sie um die Gesundheit ihrer Mutter besorgt war, aber es war auffällig, daß sie auch nach der Genesung der Mutter nicht an ihrem Buch arbeiten konnte. Es zeigte sich schließlich, daß aus der Verzögerung eine Schreibhemmung geworden war und daß sie nicht imstande sein würde, das Buch bis zum vertraglich festgesetzten Termin fertigzustellen. Läßt man für den Augenblick andere psychologische Faktoren beiseite, so wird die Bedingung, die erfüllt werden mußte, bevor das Buch geschrieben werden konnte, in der psychoanalytischen Behandlung erkennbar. Es war, als hätte die Tochter unbewußt die Entscheidung getroffen: »Ich werde nur weiterarbeiten und das Buch beenden, wenn die Mutter stirbt.« Der Anteil der selbstschädigenden und selbstbestrafenden Tendenzen schließt nicht die Tatsache aus, daß die unbewußten Todeswünsche gegen die Mutter in dieser unbewußten Formulierung siegreich blieben.
Auch in anderen Fällen einer solchen »zeit«-gebundenen Verzögerung ist die zugrundeliegende Bedingung oft die unbewußte Erwartung, daß eine der Personen, die dem Subjekt nahestehen und lieb sind, sterben sollte.
*259. Identifizierung mit dem Mann.* Unbewußte Identifizierungen von Frauen mit Männern drücken sich manchmal in überraschenden Formen aus. Hier zwei Beispiele für solche Manifestationen aus der klinischen Erfahrung: Eine High-School-Lehrerin, eine sehr intelligente und gebildete Frau, war promiskuitiv. In einer psychoanalytischen Sitzung drückte sie einmal die Befürchtung aus, sie könne plötzlich impotent werden. Sie kannte selbstverständlich das Wort *frigid*. Der Gebrauch des Wortes *impotent* wurde durch eine unbewußte Identifizierung mit dem Mann bestimmt. Eine andere Patientin, eine Medizinstudentin, ging nur reiten, wenn sie menstruierte. Es war, als fände die Verleugnung der weiblichen Rolle und der Protest dagegen einen unbewußten Ausdruck in dieser symptomatischen Handlung.
*260. Latente Homosexualität.* Grundlose und auf Wahnvorstellungen beruhende Eifersucht auf eine Frau und eine verächtliche und feindselige Behandlung dieser Frau sind untrügliche Anzeichen für eine latente Homosexualität.
*261. Der Moralist und der Psychologe.* Der Moralist sieht in der menschlichen Natur nur zwei Farben: Schwarz und Weiß. Der

Psychologe leidet nicht an einer solchen Farbenblindheit. Er erkennt die grauen und die anderen Farbnuancen und -schattierungen. Mehr noch, er sollte imstande sein, die weißen Flecke im Schwarz und die schwarzen Flecke im Weiß der menschlichen Natur zu sehen.

262. *Dieser Mann!* Fred zieht junge Mädchen vor, die noch Jungfrau sind. Er hat sein Vergnügen daran, sie zu deflorieren. Unlängst sagte einer seiner Freunde: »Wohin Fred auch geht, er läßt eine Spur blutender Mädchen zurück.«

263. *Eine Frage.* Man fragte mich: »Warum zitieren Sie mehr Frauen als Männer, die über ihre Ehepartner sprechen.« Die Antwort lautet: »Weil Frauen mehr zu sagen haben oder vielmehr mehr, worüber sie reden können. Außerdem können Frauen bessere Dialoge führen und viel bessere Monologe halten als Männer.«

264. *Korpulente Männer.* Ein junges Mädchen: »Meine Freundin hat sich zur leidenschaftlichen Ehestifterin entwickelt und mir einen Rechtsanwalt vorgestellt. Er ist reich, sehr intelligent und nur wenige Jahre älter als ich. Ein Junggeselle, der eine sehr gute Partie ist. Schade, daß er einen dicken Bauch hat. Wissen Sie, ich habe ein Vorurteil gegen korpulente Männer. Ich mag sie als Onkel, Anwälte und so weiter. Aber wenn ich mir vorstelle, daß ich einen jungen Mann mit einem Bauch heiraten soll, kommt mir augenblicklich der Verdacht, daß er impotent sein könnte. Sie wissen, man sagt, ein guter Hahn wird nicht fett.«

265. *Vom Unbewußten überrumpelt.* Bei einer formlosen Versammlung von Verwandten und Freunden erschien ein Mann mit seiner kleinen Tochter. Das schüchterne Mädchen klammerte sich liebevoll an seinen Vater. Die Gastgeberin, die die Kleine ein wenig necken wollte, sagte zu ihr: »Dein Papi geht nicht mit dir nach Hause. Er bleibt über Nacht hier. Er wird nicht mit dir schlafen gehen, er wird bei mir schlafen.« Plötzlich wurde ihr bewußt, was sie gesagt hatte, und sie wurde feuerrot.

266. *Die letzte Wirklichkeit.* Die einzige Wirklichkeit, von der wir uns nicht lossagen können – weder durch die Religion noch durch irgendeine andere Illusion – und der wir ins Auge sehen müssen, ist, daß wir sterblich sind. Nichts auf der Welt ist so gewiß und so wichtig.

Vor mehr als 175 Jahren schrieb Benjamin Franklin in einem Brief, daß »nichts auf der Welt als sicher gelten kann, außer der Tod und die Steuern«. Aber der Tod ist sozusagen sicherer, denn er kann einen Menschen überraschen, während er seine Steuererklärung ausfüllen muß. Niemand ist zu beschäftigt, um zu sterben.

*267. Notlügen.* »Was sagen Sie da? Ich soll meine Frau nicht belügen? Aber wenn ich ihr den ganzen Tag die Wahrheit sagte, würde ich zu allen Zügen, Flugzeugen, Konzerten und Partys zu spät kommen.«

*268. Filme.* Wenn Sie einen langen Spaziergang durch die Straßen von New York machen und die Titel und Bilder auf den Reklameplakaten betrachten, werden Sie nicht mehr daran zweifeln, daß die Grundannahmen der Psychoanalyse korrekt sind. Was sehen Sie überall angekündigt? Sex und Mord.

*269. Niedergeschlagene Augen.* Es gilt jetzt als altmodisch, aber ich erinnere mich noch an eine Zeit, in der verheiratete Frauen ebenso wie junge Mädchen die Augen niederschlugen, wenn ein Mann sie ansah. Es galt als offensichtlich, daß der Blick eines Mannes eine Werbung oder sexuelles Begehren bedeutete. Das Niederschlagen der Augen seitens der Frau setzt das als selbstverständlich voraus und ist eine Reaktion der Scham oder Bescheidenheit. Ein offener Blick auf den Mann wäre damals als Aufforderung betrachtet worden oder zumindest als Billigung der Aufforderung des Mannes, die sich in seinem Blick ausdrückte.

*270. Pelzmäntel.* Nicht einmal die weibliche Mode wechselt so sehr, wie wir glauben. Die Frauen der Vorzeit bedeckten sich mit den Fellen der Tiere, der Bären, Tiger und so weiter, die ihre Männer gejagt hatten. Die Frauen unserer Zeit tun dasselbe. Sogar der psychologische Zusammenhang ist beinahe ununterbrochen derselbe geblieben. Die Frauen jener prähistorischen Vergangenheit, die sich in Leopardenfelle hüllten, zeigten, was für ein mächtiger Jäger ihr Mann war, während die Frau unserer Zeit zeigt, daß ihr Ehemann oder Liebhaber erfolgreich Geld verdient. Der Nerz, den sie trägt, ist für sie ebenso ein Statussymbol, wie es das Fell für die prähistorische Frau war.

*271. Dauerhaftigkeit.* Der Gedanke an die Dauerhaftigkeit der Beziehung fehlt selten bei einer Frau, die eine sexuelle Affäre mit einem Mann beginnt. Der Gedanke, mit der Frau ein Kind zu haben, mit der er eine sexuelle Beziehung aufnimmt, ist bei einem Mann nur selten vorhanden.

*272. Eine unvergeßliche Melodie.* Oktober 1963: Edith Piaf ist tot! Eines ihrer Lieblings-Chansons, *La vie en rose*, beginnt mich zu verfolgen, und ich kann die sanfte Melodie von Louigny und die Worte nicht mehr loswerden:

*Quand il me prend dans ses bras*
*Et il me parle tout bas*
*Je vois la vie en rose.*
*Il me dit des mots d'amour,*
*Des mots de tous le jours*
*Et ça m'fait quelque chose...*

Wie dumm waren wir als junge Männer, die nicht wußten, daß Frauen durch Worte umworben und gewonnen werden!
Ein nachträglicher Gedanke: Frauen können solche Worte viel rascher finden und besser sagen als Männer, aber sie sprechen sie selten aus und hören sie lieber von uns, vielleicht weil es uns Männern schwerer fällt, sie zu sagen.
273. *Schuldgefühl und Selbstbestrafung.* Freud sagte oft, daß bewußte Schuldgefühle und Selbstbestrafung kaum zusammen auftreten können. Er zitierte einmal folgendes Beispiel: Ein Mann, der 100 000 Dollar gestohlen hat und nach Südamerika geflohen ist, wo er seinen Reichtum genießt, kann sich (eine theoretische Möglichkeit) manchmal schuldig fühlen.
Wenn sich aber der Mann, der das Geld stahl, beim Verlassen des Tatortes ein Bein bricht, kann es sein, daß er sich nicht schuldig fühlt, weil er sich seiner Meinung nach schon selbst bestraft hat.
Wenn wir alt werden, erscheinen uns unsere Missetaten und die Kränkungen, die wir anderen zugefügt haben, in stilleren Stunden und schlaflosen Nächten, wie Banquos Geist Macbeth erscheint. Sie scheinen sich anzuhäufen, immer neue tauchen auf. (»Wie, dehnt die Reih sich bis zum Jüngsten Tag?« ruft Macbeth.) Dennoch hindert uns das nicht daran, wieder Unrecht zu tun und Menschen zu kränken.
Die Bilanz des Lebens zu ziehen, kommt beinahe einer Beichte gleich.
274. *Die Selbsteinschätzung der Frauen.* Witwen und Frauen, die von ihren Ehemännern verlassen wurden, fühlen nach einiger Zeit einen sehr deutlichen Verlust ihrer gesellschaftlichen Achtung und bald auch die Abnahme ihrer Selbstachtung. Das zeigt sich besonders auffällig, wenn der Mann eine wichtige Stellung innehatte oder eine wohlbekannte soziale Funktion ausübte.

*275. Schönheit und Leiden.* »Schönheit muß leiden«, heißt es, und auch die Franzosen sagen: *»Il faut souffrir pour être belle.«* Wenigstens etwas, worüber sich die Männer zusätzlich zu Steuern, Kommunismus, Arbeitslosigkeit und so weiter nicht auch noch den Kopf zu zerbrechen brauchen.
*276. Achtung vor Frauen.* Es gibt einen einzigen Ort, wo hohe Achtung vor Frauen und taktvolle Rücksichtnahme von einem gewissen Augenblick an unangebracht sind: das Bett. Frauen verabscheuen es, wenn Männer hier respektvoll statt leidenschaftlich sind.
*277. Geplauder.* Frauen, die keine oberflächliche Konversation machen können, sind entweder neurotisch oder sie machen neidisch einer anderen Frau Platz, die es kann, oder sie lehnen sich allgemein gegen die weibliche Rolle auf.
*278. Kenntnis der Frauen.* Wir kennen die Frauen hauptsächlich durch die direkten oder indirekten Beobachtungen von Männern und durch gelegentliche Bemerkungen anderer Frauen. Die erste Quelle ist selbstverständlich höchst unzuverlässig, und die zweite ist unzulänglich, weil sie nicht nur Vorurteile und Entstellungen enthält, sondern obendrein auch noch sehr spärlich ist. Nicht nur die weibliche Zurückhaltung im Ausdruck, sondern auch die Solidarität der Frauen beeinträchtigt die Klarheit der Feststellungen.
Wie kennen wir die Frauen? Ich wiederhole: hauptsächlich durch Informationen von Männern. Das beste, was wir von ihrer Natur erkennen können, vermitteln uns die Gynäkologen – die auch zum größten Teil Männer sind.
*279. Die andere Frau.* Ein Mann kann sich oft vorstellen, was einen anderen Mann veranlaßte, so oder so zu handeln, und oft errät er das Richtige. Eine Frau dagegen weiß sozusagen instinktiv oder intuitiv, wie eine andere Frau sich in dieser oder jener Situation verhalten würde, und sie geht selten fehl in ihrer Annahme, die nicht nur gute Absichten betrifft, sondern auch böse Absichten und verhängnisvolle Intrigen.
*280. Emotionales Alleinsein.* Eine junge Frau: »Ich kann körperliches Alleinsein ganz gut aushalten, aber emotionales Alleinsein überhaupt nicht. Wenn ich weiß, daß niemand da ist, der sich etwas aus mir macht, wenn ich niemanden liebe, bin ich zutiefst deprimiert und sogar verzweifelt.«
*281. Ein zweischneidiges Schwert.* Ein College-Student konnte einen seiner Lehrer nicht leiden, der andere Studenten bevorzugte.

Der junge Mann machte sich bei diesem Lehrer besonders unbeliebt und versagte auch in seinem Fach. Er hatte seine Aggressivität gegen den Professor ausgedrückt, zugleich aber auch sich selbst geschadet.

*282. Ein seltsamer Vergleich.* Eine junge Frau, die über eine andere spricht: »Kennen Sie diese neuen Türen in Supermärkten und Warenhäusern, auf denen *Ausgang* steht? Wenn man sich ihnen nähert, gehen sie von selbst auf – man braucht nicht einmal die Klinke zu berühren –, und man ist auch schon draußen. Genauso entließ diese Frau den Mann. Er hat vielleicht eine abschätzige Bemerkung gemacht, und schon ließ sie ihn gehen. Sie muß entweder sehr stolz sein, oder sie hat einen besseren Mann, den sie heiraten möchte.«

*283. Eine organische Empfindung.* Eine junge Frau, die von ihrem Freund spricht: »Er ist ein Fummler, und ich hänge oft ein Schild aus: ›Berühren verboten.‹« Nach einer Pause: »Ich höre die Uhr ticken – zum erstenmal seit Monaten.«

Es war leicht zu erraten, daß das Ticken der Uhr die Verschiebung einer Klitoris-Empfindung war, geweckt durch die Erinnerung an die Berührung ihres Freundes und ihre sexuelle Erregung.

*284. Frauenemanzipation.* Ein Arzt auf einer Party: »Ein Mann braucht in Wirklichkeit mehrere Frauen. Eine Hausfrau, eine Gefährtin, eine Frau fürs Bett.«

Ein älterer Mann fragt: »Sie meinen, eine Art von inoffiziellem Harem? Aber was ist, wenn die Frau die gleichen Rechte in Anspruch nimmt und sagt, sie brauche mehrere Männer?« – »Oh, das ist etwas anderes.«

*285.* Ein kleines Mädchen, das jeden Abend fernsehen durfte, wurde zum erstenmal ins Kino mitgenommen. Auf dem Heimweg fragte die Kleine: »Mama, wo waren denn die Werbespots?«

*286. Die Solidarität der Frauen.* Verglichen mit der der Männer ist die Solidarität der Frauen ein Sonderfall für Menschen, die ein Handicap haben oder zu haben glauben und sich wegen ihrer Schwäche verteidigen müssen.

Die Annahme und Billigung von Galanterie, die man Frauen erweist, erscheint als stillschweigende Anerkennung dieser ursprünglich anatomischen Handicaps. Die Zurückweisung von Galanterie würde demnach psychologisch ihrer entrüsteten Verleugnung oder bewußten Nichtanerkennung gleichkommen.

*287. Kinder und Erwachsene.* Man betrachte die Ausdrücke der Freude bei kleinen Jungen und Mädchen, ihre Augen, ihre Beine, ihre Arme! Das Vergnügen von uns Erwachsenen, unsere Fröhlichkeit, ist nur eine verwässerte und anämische zweite Ausgabe des Frohsinns dieser kleinen Kinder.

*288. Die Lektüre gewisser Romane.* Stimmt es, daß man mit fortschreitendem Alter den Geschmack an der Lektüre von Romanen verliert? Ich jedenfalls langweile mich oft bei langatmigen Schilderungen gewisser Charaktere in Romanen. Ich habe dann das Gefühl, als besuchte ich jemanden, der mir das Familienalbum zeigt und erklärt, daß dies Tante Jenny und das der Vetter Alfred ist. Die Leute sind überzeugt, daß man sich für sie ebensosehr interessieren muß wie sie selbst.

*289. Schönheit und Alter.* Shakespeares Worte »Nicht kann sie Alter hinwelken« sind eher ein Ausdruck von Wunschdenken als die Feststellung einer Realität. Kleopatra würde im hohen Alter welk und runzelig geworden sein, ihr Gang wäre weit entfernt gewesen von der Anmut ihrer Jugendjahre, und sie hätte sich als Greisin mühselig dahingeschleppt.

*290. Das gesprächige Geschlecht.* Ich frage mich, warum noch niemand die Frauen »das gesprächige Geschlecht« genannt hat. Frauen können in Gesellschaft von Männern sehr wohl schweigen, aber stillzubleiben, wenn sie unter Frauen sind, ist für sie eine Belastungsprobe.

*291. Weinen und Lachen.* Männer wundern sich oft darüber, wie leicht Frauen weinen und lachen können, aber Männer bedenken auch nicht, daß das Weinen oder Lachen von Frauen absichtlich eingesetzt werden kann, um bestimmte Wirkungen zu erzielen, oder daß die Frau nicht notwendigerweise die entsprechenden Emotionen erlebt. Nur wenige Männer, darunter die Schauspieler, können das.

*292. Im Rückblick.* Ein älterer Franzose erinnert sich: »Wie schön und friedlich war das Eheleben zu der Zeit, als jeder Ehemann eine legitime Geliebte hatte.«

*293. Kochkunst:* »Meine Frau kann nicht kochen. Ich glaube, sogar ein gesunder Hund würde Bauchweh kriegen, wenn er frißt, was sie gekocht hat.«

*294. Alter und Geschwindigkeit.* Jungen und Mädchen laufen beinahe immer, obwohl sie noch so viele Jahrzehnte zu leben haben, während alte Leute, deren Lebenszeit begrenzt ist, immer langsam gehen.

*295. Daheim und im Ausland.* Psychoanalytiker bekommen oft zu hören, daß sich Frauen und Männer daheim anders benehmen als im Ausland, vor allem in sexueller Hinsicht. Viele Menschen, die in Amerika beinahe puritanisch leben, haben das Gefühl, daß sie ihren Neigungen nachgeben dürfen, wenn sie in Frankreich oder Spanien sind. In manchen Fällen gewinnt man den Eindruck, daß die räumliche Entfernung eine andere ersetzt: autoritäre Verbote erscheinen aufgehoben.

*296. Narzißtischer Charakter.* Der narzißtische Charakter einer Patientin zeigte sich in vielerlei Hinsicht. Sie begann einmal ihre psychoanalytische Sitzung mit dem Satz: »Heute habe ich nichts zu sagen. Deshalb habe ich mich sehr sorgfältig gekleidet, damit ich wenigstens hübsch aussehe.« Tags zuvor hatte sie zu ihrem Freund gesagt: »Ich bin keines von den fünfzig Mädchen, mit denen du herumziehst. Ich bin etwas Besonderes, und wenn dir das nicht klar ist, will ich dich nicht mehr sehen.«

*297. Ein paradoxes Verhalten.* Eine Frau wurde beinahe augenblicklich unangenehm, sooft sich ihr Mann oder ein anderer Mann ihr gegenüber rücksichtsvoll benahm. Sie hatte den Verdacht, daß das geschah, weil sie »nur eine Frau« war. Dieses paradoxe Verhalten wurde besonders auffällig, wenn sie ihre Periode hatte.

*298.* Die zukünftige Pädagogik wird sich aufmerksamer als jetzt mit der Einstellung des Vaters zur Tochter befassen müssen. In gewissen sozialen oder religiösen Kreisen wird der Sohn vom Vater mehr geschätzt als die Tochter, selbst wenn sie ihrem Bruder an Intelligenz und Charakter überlegen ist. Das war auch bei der eben erwähnten Frau der Fall. Sie wuchs in einem orthodoxen jüdischen Milieu auf, in dem ein Junge als der »Kaddisch« * bevorzugt behandelt wird. Sie erinnerte sich, daß ihr sehr wohl bewußt war, daß sie intelligenter war als der jüngere Bruder, den der Vater ihr vorzog. Als kleines Mädchen fragte sie ihren Vater entrüstet: »Warum kann er« – sie zeigte auf den Bruder – »Rabbi werden und ich nicht?«

*299. Der Himmel.* Wie armselig waren unsere Vorstellungen vom

* Kaddisch, der Name des Gebets, wird auch als Bezeichnung für Sohn gebraucht, da nur ein Sohn für das Seelenheil der verstorbenen Eltern und anderen nahen Verwandten »Kaddisch sagen« kann. (Anm. des Übers.)

Himmel, als wir Kinder waren, verglichen mit den Ideen der Kinder von heute. Ich hörte ein achtjähriges Mädchen seine Mutter fragen: »Aber gibt es denn kein Telefon und kein Fernsehen im Himmel?«

*300. Spuren in der Sprache.* Die archaische Sprache der Symbolik erscheint nicht nur in der Traumbildung. Sie hat auch unauslöschliche Spuren in der Alltagssprache hinterlassen. Die Psychoanalyse lehrt uns, daß man in der Furcht, von einem erhöhten Ort herunterzufallen, die unbewußte Verdrängung des Wunsches erkennen kann, einer erotischen Versuchung nachzugeben. Aber sprechen wir (oder vielmehr sprachen wir) nicht von einer »gefallenen Frau«? Viele klinische Erfahrungen lehrten uns, daß Menschen mit einem leidenschaftlichen Interesse an Bränden extrem ehrgeizige Charaktere sind. Und unsere Sprache kennt den Ausdruck »brennender Ehrgeiz«. Die psychoanalytische Erfahrung überzeugte uns auch davon, daß die vorherrschenden Charakterzüge analerotischer Personen Sparsamkeit und sogar Geiz sind. Das Zurückhalten des Stuhls wird unbewußt mit Geiz in Verbindung gebracht. Davon war an anderer Stelle schon die Rede.

*301. Mozart.* Als wir zusammen ein Mozart-Konzert verließen, begannen ein Bekannter und ich über die Persönlichkeit des Komponisten zu diskutieren. Der Mann zitierte Briefe Mozarts und andere zeitgenössische Dokumente, um mir zu beweisen, daß der Komponist ein sehr neidischer und boshafter Mensch war, ganz anders als der naive und freundliche Mann, als der er oft in den Biographien erscheint. »Hat er jemanden ermordet?« fragte ich. »Ich meine nicht in Gedanken (das tun wir alle), sondern in der materiellen Wirklichkeit? Hat er je etwas anderes gestohlen als ein paar Melodien, die er so verwandelte, daß er sie zu seinen eigenen machte?«

Aber selbst wenn er es getan hätte, wieviel Böses konnte er anrichten in einer Lebensspanne, die nicht einmal sechsunddreißig Jahre dauerte? Und selbst wenn er in dieser Zeit alle Missetaten der Welt verübt hätte, wäre es mir völlig gleichgültig. Er hat alles wiedergutgemacht, indem er den Menschen für mehr als zweihundert Jahre reines Entzücken schenkte, und jeder Priester der Welt würde zu ihm *te absolvo* sagen. Wenn an der katholischen Vorstellung vom Himmel etwas Wahres ist, dann ist Mozart nun einer der Lieblingsengel Gottes, und wenn sich dieser Engel hinsetzt und eines seiner Konzerte zu spielen beginnt, ist der Herr entzückt und lächelt.

*302. Die Relativität der Werte.* Wenn Sie einen Anzug mit einer Krawatte anhaben und mehrere Menschen töten, nennt man Sie einen Massenmörder, und Sie müssen gegebenenfalls die Todesstrafe erleiden. Wenn Sie eine erdfarbene Uniform tragen und dasselbe tun, sind Sie ein glühender Patriot, und wenn der Feind Sie tötet, sterben Sie als lorbeerbekränzter Held.

Wenn Sie eine Frau sind, können Sie sich, falls Ihnen das gefällt, als Mann kleiden und einen Spaziergang machen. Sind Sie aber ein Mann und kleiden sich als Frau, nimmt die Polizei Sie fest, sobald Sie die Straße betreten.

Wenn Sie ein Mann sind und früh am Morgen ein Besucher erscheint, wird Sie der Zustand Ihrer Wohnung kaum in Verlegenheit bringen. Eine Frau dagegen hätte das Gefühl, daß sie sich für die Unordnung entschuldigen muß.

Wenn Sie als Mann sehr viel darauf geben, was andere Menschen über Ihre äußere Erscheinung sagen, hält man Sie für weibisch. Kümmern Sie sich aber als Frau nicht um das, was die Leute über Ihr Aussehen, Ihre Kleider und so weiter sagen, so wird man Sie als unweiblich betrachten.

Nehmen wir an, Sie sind ein junger Mann mit der genialen Begabung Einsteins oder Freuds und Sie begegnen auf der Straße einer jungen Frau, die Sie nicht kennen, aber anziehend finden. Wird sie Ihnen zulächeln? Niemals.

Nehmen wir an, Sie sind ein kleines Kind, das gerade erst gehen gelernt hat, unbedeutend, der Frau, die auf der Straße an Ihnen vorbeigeht, ebenso unbekannt. Wird sie Ihnen zulächeln? Ganz gewiß.

*303. Gustav Mahler* (ein Nachtrag zu *The Haunting Melody*). Wir wissen sehr viel über die Dynamik, die für den Verdrängungsprozeß verantwortlich ist, aber wir wissen nur wenig über die emotionalen Kräfte, die verdrängtes Material wieder an die Oberfläche bringen. Ich lasse ein ausgezeichnetes Beispiel dafür folgen.

Mein Buch *The Haunting Melody*, das sich zum größten Teil mit Gustav Mahler befaßt, wurde 1952 geschrieben und erschien 1953 bei Farrar, Straus. Vor einigen Tagen (das heißt, mehr als elf Jahre später) tauchte eine den Komponisten betreffende Erinnerung mit voller Deutlichkeit wieder auf. Ich könnte schwören, daß sie mir in diesen elf Jahren nie eingefallen ist.

Ich kann zumindest raten, was mir die lang vergessene Erinnerung wieder zurückbrachte. Wir, mein Sohn, mein Enkel, der Musik studiert, und ich, kamen gerade von einer Aufführung von Mahlers Neunter Sinfonie. Während wir die Stufen vor der Carnegie Hall hinuntergingen, sagte ich zu meinem Sohn, daß meiner Meinung nach der erste Satz dieser Sinfonie die größte Musik ist, die Mahler je komponiert, und daß er sich darin endlich gefunden hat. Wir standen dann an einer Straßenecke in der Nähe der Carnegie Hall und warteten auf ein Taxi, das uns nach Hause bringen sollte. Ein später Wagen kam vorbei. Hat das etwas mit dem Wiederauftauchen der Erinnerung zu tun? Vielleicht.

Hier ist sie. Es muß um 1916 oder 1917 in Wien gewesen sein – ich trug Uniform, war aber noch nicht Leutnant –, und wir kamen von einer Abendgesellschaft bei Heinrich Grünbaum. Die Grünbaums wohnten in der Nähe der Karlskirche im vierten Bezirk. Ein Doktor und ich gingen in Richtung der Ringstraße und sprachen über alles mögliche. Ich weiß nicht mehr, warum er mir von Gustav Mahler zu erzählen begann. Der Doktor war der offizielle Arzt der Wiener Oper gewesen, als Mahler ihr Direktor war (von 1897 an). Ich werde später noch sagen, warum ich seinen Namen vergaß. Zunächst, was er mir erzählte:

Der Operndirektor Mahler nahm einmal eine der hübschen Ballerinen mit, als er nach einer Aufführung in der Kutsche nach Hause fuhr. Während der Fahrt kam es zu Zärtlichkeiten, aber plötzlich war Mahler schlechter Laune, und er stieg aus der Kutsche. Am nächsten Tag sagte er dem Arzt, daß ihm das Mädchen die Zunge in den Mund gesteckt hatte, und er fragte allen Ernstes, ob das eine sexuelle Perversion sei.

Ich lächelte natürlich über Mahlers Naivität (er muß damals achtunddreißig oder neununddreißig Jahre alt gewesen sein), aber ich war auch irgendwie verlegen, so als hätte der Arzt eine Indiskretion begangen. Ich weiß, das klingt lächerlich – Mahler war fünf oder sechs Jahre zuvor gestorben –, aber ich war damals ein strenger Moralist, hatte kurz zuvor meine psychoanalytische Ausbildung bei Dr. Karl Abraham beendet und muß das Gefühl gehabt haben, daß der Arzt Mahler, den ich verehrte, irgendwie bloßgestellt hatte. Das muß der alberne Grund dafür gewesen sein, daß ich den Namen des Arztes vergaß (einen Namen, den man in Wien häufig findet).

Der tiefe Eindruck, den der erste Satz der Neunten Sinfonie auf mich gemacht hatte, weckte andere entscheidende Eindrücke. Ich mußte an den Gegensatz zwischen dem jungen Mahler und dem Mann in mittleren Jahren denken, der 1910 die Neunte Sinfonie schrieb. Es war sein letztes Werk, und er muß manchmal gewußt haben, daß er nicht lange leben werde, wenn er auch oft in anderen Gemütsverfassungen dachte, daß er ein hohes Alter erreichen könnte.

Im Zentrum meiner Gedankengänge stand die Idee des Todes, wie sie dem jungen Komponisten und dann dem Mann erschienen war, dem der Arzt 1907 sagte, daß sein Herz in keiner guten Verfassung war. Was für ein emotionaler und geistiger Unterschied zwischen diesen beiden Situationen! Der Gedanke an den Tod ist dem jungen Komponisten der *Kindertotenlieder* und vieler anderer früher Lieder nahe. Er ist in den ersten Sinfonien zu spüren. Er fehlt auch in den späteren selten, aber er ist noch bis 1907 sozusagen nur als abstrakte Idee vorhanden, nicht als erschreckende Wirklichkeit. Als er dann aber im Sommer 1907 erfuhr, daß er herzkrank war, wurde er ängstlich und vorsichtig. Seine Frau berichtete, daß diese Stimmung der Resignation in seinen letzten Jahren einem unersättlichen Lebenshunger und einer furchtbaren Angst vor dem Sterben wich.

Es gab kein Liebäugeln mit dem deutschen Volkslied mehr, keine Sentimentalität in Verbindung mit der Idee der Unsterblichkeit, sondern nur noch die Konfrontation mit dem Gedanken an den Tod. *Das Lied von der Erde*, darin besonders »Der Abschied«, und der erste Satz der Neunten Sinfonie drücken diese Stimmung am deutlichsten aus.

Warum tauchte diese alte Erinnerung an die Episode mit dem Ballettmädchen nach der Aufführung der Neunten Sinfonie wieder auf? Es muß so sein, daß ich an den Gegensatz zwischen dem Operndirektor, der ein Puritaner war, und Mahler nach 1907 dachte, der sich (vor allem nach seiner langen Konsultation mit Freud in Leiden) wieder sexuell seiner Frau näherte, was er jahrelang nicht getan hatte. Nun erkannte er, daß er, wie er sagte, »falsch gelebt« hatte. Nun erkannte er, daß dies die einzige Welt ist, die wir haben; danach kommt nur das Grab. Leider war ihm nicht mehr viel Zeit vergönnt. Die Konsultation mit Freud fand im August 1910 statt. Acht Monate später war Mahler tot. Aber in der letzten, unvollendeten Sinfonie, an der er arbeitete, in seiner Zehnten Sinfonie, ist oft ein leidenschaftlicher Aufschrei zu hören. In der Skizze des Finales steht die Zeile: »Für dich zu leben! Für dich zu sterben! Almschi!«

Er umfaßte die Schönheit der Frau und der Welt nur kurze Zeit, doch nur weil der Tod die Umarmung löste.

*304. Ein Abschluß.* Es ist nun beinahe ein Jahr her, seitdem ich zum erstenmal daran dachte, dieses Buch zu schreiben. Neulich sagte man mir, daß meine Schüler eine Ehrung zu meinem sechsundsiebzigsten Geburtstag vorbereiten.

Vor dem Einschlafen dachte ich noch einmal an das Bankett zu meinen Ehren im vergangenen Jahr, aber die Erinnerung wurde bald durch das Bild eines mittelalterlichen Abtes oder Heiligen mit einer Mitra verdrängt. Ich muß diese Statue gesehen haben. Wo? Vielleicht auf der alten Spreuer-Brücke in Luzern. Ist im dortigen Musée d'Art nicht auch der *Danse des Morts* zu sehen? War es dort?

Jedenfalls sehe ich die zwei Zeilen unter dem Bild des Priesters wieder vor mir:

*Nun bin ich alt, an Ehren reich,*
*Jetzt kommt der Tod sogleich.*

*305.* Diogenes kehrt zurück: Ein griechischer Patient hatte einen amüsanten Einfall: Der berühmte kynische Philosoph Diogenes von Sinope landet, mehr als zweitausend Jahre nach seinem Tod, in New York. Er geht in die Börse und sucht auf dem ganzen Broadway und in der Wall Street nach einem ehrlichen Mann. Schließlich zuckt er die Schultern und bläst, endgültig resigniert, seine Laterne aus, müde von der vergeblichen Suche.

*306. Im Rückblick:* Blickt man als alter Mann zurück auf sich selbst als Jüngling oder auch in den Mannesjahren (indem man wie Max Beerbohm das alte Selbst dem jungen gegenüberstellt), so erkennt man ein charakteristisches Merkmal der Jugend. Wie streng moralisch und grausam intolerant war man in seinen Meinungen über andere und sogar sich selbst! Man dachte geradezu, daß Menschen keine moralischen Fehler und Schwächen haben dürfen, keine boshaften oder grausamen Neigungen, keine rohen sexuellen Begierden, die mit ihrem Leben als Familienmitglieder in Konflikt geraten. Und das Schlimmste war nicht, daß man diese Vorurteile hatte, sondern daß man sie auch noch laut verkündete, nach ihnen handelte, auf andere – und oft auch auf sich selbst – verächtlich herabsah und sie ohne Zögern verurteilte. Es fehlte uns an Toleranz und Wohlwollen gegenüber der menschlichen Natur, und wir wollten ihre engen Grenzen nicht anerkennen.

*307. Der letzte Tag des Jahres 1963:* Nachdem er mich untersucht und seine Rezepte ausgestellt hatte, plauderten Dr. Alfred Vogl, der seit vielen Jahren mein Arzt ist, und ich ein wenig. Er lächelte, als er die Geschichte von Gutel Rothschild, der First Lady des Frankfurter Bankhauses, hörte. Ihr Arzt hatte voll Bedauern zu ihr gesagt: »Leider kann ich Sie nicht jünger machen.« Die betagte Dame antwortete: »Das erwarte ich auch nicht, Doktor. Ich möchte nur noch älter werden.« Während unseres Gesprächs hatte ich auch erwähnt, daß 1964 ein neues Buch von mir erscheinen sollte.

Wir schüttelten uns die Hände. Als ich den ausgezeichneten Internisten verließ, der es mir ermöglicht hatte weiterzuschreiben, wünschte ich ihm ein glückliches Neues Jahr. Anstatt mir noch viele Jahre zu wünschen, sagte er in einer reizenden Abwandlung des Spruches: »Ich wünsche Ihnen, daß Sie noch viele gute Bücher schreiben.«

# Epilog

Wenn man das sechsundsiebzigste Lebensjahr erreicht hat, sind die Gedanken nicht mehr auf die Zukunft gerichtet, und sie beschäftigen sich oft mit Erinnerungen. Ein unlängst erschienenes Buch* weckte in mir eine neue Erinnerung an Freud. Der Zufall wollte es, daß der Schweizer Pastor Oskar Pfister und ich einmal im Wartezimmer Freuds zusammentrafen, mit dem er verabredet war. Wir kannten einander und unterhielten uns. Freud hatte einen Besucher, der, wie es schien, nicht und nicht gehen wollte. Später erfuhren wir, daß es der Professor der Psychiatrie Gustav Aschaffenburg war, den Freud für einen großen Langweiler hielt. Freud öffnete die Tür und kam für einen Augenblick zu uns heraus. Er wandte sich an Pfister und fragte, auf seinen lästigen Besucher anspielend: »Sagen Sie, ist es richtig, daß uns die Religion immer noch verbietet, Leute auch nur in Gedanken umzubringen?«

Die für mich persönlich wichtigere Erinnerung findet sich in einem Brief, den Freud am 21. Dezember 1924 an Pfister schrieb.** Pastor Pfister hatte, wie es scheint, einen neurotischen jungen Amerikaner kennengelernt. Freud sagt Pfister, er brauche sich wegen des jungen Mannes keine Sorgen zu machen, dem geholfen werden könne, und fährt fort: »Hier in Wien hat sich Dr. Reik geradezu für diese schweren Zwangsneurosen spezialisiert und zum Beispiel einen russischen Grafen, den ich ihm schicken konnte, mit äußerster Geduld und tiefem Verständnis, auch nicht ohne Erfolg, durch mehrere Jahre behandelt.«

Der Fall des russischen Grafen und seiner schweren Neurose wurde in meinem Buch *Dogma and Compulsion* dargestellt. Was mich an Freuds Brief freut, ist, daß er – schon damals, vor vierzig Jahren – soviel Vertrauen in mein psychoanalytisches Talent setzte. Was mich ein wenig traurig macht, ist, daß ich nicht alle seine Erwartungen erfüllt habe. Nun ist es zu spät dazu, und ich summe ein Lied meines Zeitgenossen Maurice Chevalier, *»On est comme on est«*, womit dieses Buch einen heiter-resignierten Abschluß gefunden hat.

* *Sigmund Freud/Oskar Pfister, Briefe 1909–1939*, hg. von Ernst L. Freud und Heinrich Meng, S. Fischer Verlag, Frankfurt am Main 1963. ** Ibid., S. 100f.